# TECHNIKEN DER GESTALTTHERAPIE

Claudio Naranjo

Erste Auflage 1978

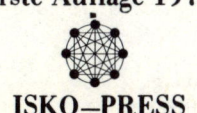

ISKO–PRESS

Die amerikanische Originalausgabe erschien unter dem Titel
THE TECHNIQUES OF GESTALT THERAPY
bei The SAT Press, Berkeley.

Copyright(c) 1973 bei Claudio Naranjo.

Aus dem Amerikanischen übersetzt
von Frank Höfer, ZIST, Penzberg.

Veröffentlichung der deutschsprachigen Ausgabe
mit Genehmigung der Roytrade Ltd, Zug.
Fotomechanische Wiedergabe - auch auszugsweise - nur mit Genehmigung des Verlages.

**ISBN 3-921648-21-1**

Umschlaggestaltung: Hilke Peters, Hamburg.
Druck: Alsterdruck, E.Schlecht, Hamburg.

## ANMERKUNG

Dies ist ein Fragment eines Buches über Gestalttherapie, das ich kurz nach meinem ersten Kontakt mit Fritz Perls 1963 zu schreiben begann und vor mehr als zwei Jahren beendete, bevor ich mich auf eine Reise mit ungewissem Ausgang begab.

Ich bin jedoch zurück; wieder in der Rolle des Theoretikers und Therapeuten, würde ich meine früheren Aussagen gern auf den neuesten Stand bringen. Ich will sie jetzt aber so stehenlassen, bis ich die Zeit dazu habe.

Da ich nicht will, daß sich das Erscheinen der Arbeit, die sich bereits als nützlich erwiesen hat, weiter verzögert, habe ich mich dazu entschieden, einen Kompromiß einzugehen, indem ich den folgenden Teil über die Techniken für die vorliegende Veröffentlichung herausgreife, ohne mehr als diese Worte als neuen Anfang hinzuzufügen und ohne zu versuchen, die offene Gestalt an ihrem künstlichen Ende zu schließen.

Claudio Naranjo
Berkeley, Halloween, 1972

9

# INHALT

## Vorwort zur deutschen Ausgabe

Claudio Naranjo's Buch ist ein Fragment und hat als solches den anregenden Charakter eines Arbeitspapiers, das in angenehmer Weise dem Eindruck so vieler Bücher entgeht, die im Zugzwang des Psychotherapiebooms geschrieben werden, der Weisheit letzter Schluß zu sein.

Mit ungewöhnlicher Redlichkeit bemüht sich der Autor, den oft genialen und teilweise intuitiven Ansätzen von Fritz Perls und seinen eigenen Erfahrungen als Gestalttherapeut eine Form zu geben, die sich vermitteln und lehren läßt.

Perls'sche gelegentliche (und so erfrischende) Schnoddrigkeit wird in einzelnen Bereichen durch Genauigkeit vervollständigt. Zwischen übertechnisierenden Aufgliederungen in therapeutische Einzelschritte, bei denen die Subtilität des Gesamtzusammenhanges leicht aus dem Blick geraten kann, funkeln brillante Gedanken, die dank ihrer Präzision manche Mißverständnisse von praktizierenden Gestalttherapeuten und deren Klienten ins rechte Licht rücken.
Um nur ein Beispiel zu nennen: Wievielen hat Perls nicht aus dem Herzen gesprochen, als er von „bullshit" und „mind-fuck" sprach, um eine Form intellektueller Tätigkeit an ihren Platz zu verweisen? Wieviele haben jedoch das Kind mit dem Bade ausgeschüttet und versucht, ihren Intellekt gleich ganz über Bord zu werfen ? („Ich lese nie mehr ein Buch; das ist sowieso bloß Hirnwichserei.") Dabei übersahen sie, daß jene Information von bullshit und vom mind-fuck aus einem Buch und von einem Manne stammte, der sein ganzes Leben lang nicht zuletzt mit Hilfe seines hervorrangenden Denkvermögens zu dem fand, was heute Gestalttherapie heißt.

Naranjo hat seinen Intellekt nicht über Bord geworfen — Gott sei Dank —, und er beschreibt in seinem Buch, welchen Stellenwert Denken, „Darüber-Rederei" und theoretische Information auch in der therapeutischen Situation haben können.

Naranjo's Buch ist kein Knüller, keine Sensation, kein „letzter Schrei" — zum Glück; es ist der Versuch, zu ordnen, zu sichten, geradezurücken; und es ist meinem Eindruck nach auch der Versuch, die unendliche Fülle dessen, was Perls seinem Schüler Naranjo als Persönlichkeit und in seinem Denken vermittelte, zu verarbeiten und zu integrieren.

Beim mehrmaligen Lesen wurde in mir allerdings meine Vorsicht wachgerufen, als ich immer wieder auf Begriffe wie „Regel" und „Technik" stieß: In dem Buch liegt die Gefahr, daß die Zersplitterung in methodische Einzelschritte und gestalttherapeutische Regeln der Neigung jener entgegenkommt, die echte Kinder unserer Kultur und unserer Erziehungsinstitutionen sind, der Neigung nämlich, zu technisieren, „die Uhr in ihre Einzelteile zu zerlegen" und sich danach zu wundern, daß sie nicht mehr tickt.

September 1978

Frank Höfer

# EINLEITUNG

Die Techniken der Gestalttherapie sind vielfältig und schließen ein breites Spektrum von Verhaltensweisen ein — verbale und nonverbale, strukturierte und unstrukturierte, introspektive und interpersonale, nach innen und nach außen gerichtete, symbolische und nicht-symbolische. Einige dieser Techniken sind nicht einzig und allein auf die Gestalttherapie beschränkt, und jede von ihnen kann vielleicht als (absichtliche oder unabsichtliche) Variation einer Technik betrachtet werden, die in einer alternativen Form der Psychotherapie oder in irgendeinem System spiritueller Führung zu finden ist. Trotzdem ist eine gestalttherapeutische Sitzung nicht mit irgendeiner anderen zu verwechseln, denn der Ansatz bildet sozusagen eine neue und einzigartige G e s t a l t .

Die Einzigartigkeit der Gestalttherapie liegt nicht auf der molekularen Ebene elementarer technischer Komponenten, noch auf der molaren Ebene der Lebenshaltung, sondern in dem Zwischenbereich, in dem eine Lebenshaltung dem technischen Material Form gibt und eine neue Synthese aus den zur Verfügung stehenden Möglichkeiten hervorbringt.

Gestalttherapie ist auf der technischen Ebene vor allem eine Synthese. Typisch für sie ist der besondere „Dreh", der alten Formen gegeben wird, der Standort und die Bedeutung, den jede dieser Formen im Zusammenhang mit den anderen einnimmt, das organische Gespür, mit dem der Therapeut von einer Form zur anderen übergeht und dabei seine Aufmerksamkeit mehr auf das Thema richtet als auf eine Formel. Wenn praktizierte Gestalttherapie eine synthetische Sammlung von Techniken ist, so ist dies genau der Grund, warum sie sich nicht an Technik ausrichtet. Eine Synthese besteht nur in dem Ausmaß, in dem sich viele Teile um ein einigendes Zentrum kristallisieren können. Das Zentrum, das eine überraschende Vielfalt von Hilfsmitteln hervorbringt, ist in diesem Fall jener Bereich, der über Techniken hinausführt und den wir in früheren Schriften als den Bereich von Aktualität—Gewahrsein—Verantwortung bezeichnet haben.

Sein ganzes Leben lang hat Perls sein Repertoire mit allem angereichert, das seinem Ziel gedient hat, seine Patienten bewußter und verantwortlicher zu machen. Er übernahm, borgte, kombinierte Techniken und erfand ständig neue – nicht absichtlich, sondern mit der Spontaneität, in der das Leben selbst im Assimilieren neue erschafft.

Von der freien Assoziation behielt er die Idee anhaltenden Gewahr-Seins, wobei er sein Interesse weg vom Inhalt und hin zur Form richtete; von Reich übernahm er das Verständnis des Widerstands als einem motorischen Ereignis und seine Erkenntnis der Bedeutung von Ausdruck; von Karen Horneys „Tyrannei des Sollte" leitete er wahrscheinlich im Laufe der Zeit die Personifizierung des Topdog ab, vom Psychodrama das Aufführen von Konflikten; aus der Dianetik das wiederholte Aufführen traumatischer Episoden und die Techniken der Satzwiederholung; aus dem Zenbuddhismus die Regel, Intellektualisierung einzuschränken und so weiter.

Wir neigen jedoch keineswegs dazu, Gestalttherapie als eine Zusammenstellung von Ansätzen oder als einen nur ekklektischen Weg zu betrachten. Genauso wie wir Bachsche Musik nicht als eine Zusammenstellung vorangegangener italienischer, deutscher und französischer Stile sehen (was sie in gewisser Hinsicht ist), wie wir mehr von der Einzigartigkeit der entstehenden Synthese als von der Wahrnehmung ihrer Komponenten ergriffen sind, beeindruckt uns das neue G e b ä u d e der Gestalttherapie mehr als die alten Bausteine.

Ich will in dem folgenden Kapitel zeigen, wie eine bestimmte Haltung – die Zentriertheit in der Gegenwart – einige Bausteine zu einem Teil des Gestalttherapie–Gebäudes zusammengefügt hat: Die Übung des „Gewahr-Sein-Kontinuums". Der Same war die Erfahrung, „gegenwärtig zu sein"; Perls hat dies entdeckt, und zwar nicht in irgendeiner Form der Psychotherapie, sondern in seinem eigenen Gewahr-Sein (besonders in persönlichen Erfahrungen, auf die er sich mit dem Begriff S a t o r i bezog). Perls brachte diesen Samen, der in der Geschichte Formen der Meditation hervorgebracht hatte, in Kontakt mit einem Boden, der ihm bekannt war, der freien Assoziation, und er fand heraus, daß sie für klarsichtige Augen eine freie D i s s o z i a t i o n darstellte, die am Wesentlichen vorbeiging. Das Wesentliche war in diesem Fall das O f f e n s i c h t l i c h e .

Ich habe die Zentrierung in der Gegenwart als I d e a l (als Aspekt guten Lebens) untersucht, das der Therapeut dem Patienten als umfassendes R e z e p t anbietet, und in dem er ihn mit Hilfe einer spezifischen T e c h - n i k übt. Dasselbe kann von jedem Aspekt des dreifaltigen Ideals der Ge- stalttherapie – Aktualität–Gewahr-Sein–Verantwortung – gesagt werden.

Man kann praktisch jede Technik in der Gestalttherapie als eine spezielle Ausformung des breiten Rezepts: „Sei gewahr" sehen. Dieses Rezept ist sei- nerseits ein Ausdruck der Überzeugung und Erfahrung des Therapeuten, daß wirkliches Leben nur mit Gewahr-Sein möglich ist und daß das Licht des Gewahr-Seins alles ist, was wir brauchen, um aus unserer Verwirrung herauszukommen, um die Dummheit dessen wahrzunehmen, was unsere Konflikte schafft, um die Phantasien zu zerstreuen, die unsere Ängste ver- ursachen.

Genauso können wir praktisch jede Technik der Gestalttherapie als eine besondere Kristallisierung der einen Anweisung: „Übernimm die Verant- wortung, erfahre dich selbst als den Tuenden in deinen Handlungen, erfah- re  d i c h ", betrachten. Dieses Rezept bringt seinerseits die auf Erfahrung basierende Überzeugung des Therapeuten zum Ausdruck, daß wir nur dann sagen können, daß wir leben, wenn wir der sind, der wir sind, daß wir, wenn wir nur beginnen, wir selbst zu sein – oder anerkennen, was wir bereits sind – größere Erfüllung finden werden, als wenn irgendein beson- derer Wunsch erfüllt worden ist.

Daß Gewahr-Sein darauf abzielt, das Gewahr-Sein, den Sinn für Aktualität und für Verantwortung zu wecken, sagt das gleiche wie, daß ihr Ziel die Fähigkeit zu  e r f a h r e n  ist. In einem gewissen Sinn „erfahren" wir im- mer irgendetwas. Wir sind jedoch in kümmerlichem Kontakt mit unseren Erfahrungen, nur halbwach gegenüber der Realität. In diesem Sinn können wir sagen, daß wir nicht wirklich etwas erfahren.

Für den Gestalttherapeuten ist wahre Erfahrung in sich selbst therapeu- tisch oder korrigierend. Ein wacher Moment – ein Moment des Kontaktes mit der Realität – ist einer, in dem wir unsere Tagtraum-Gespenster als das sehen, was sie sind. Es ist auch ein Augenblick, in dem wir erfahren üben: in dem wir zum Beispiel lernen können, daß es nichts zu fürchten gibt oder daß die Belohnung dafür, lebendig zu sein, größer ist als die

Schmerzen oder Verluste, die wir in unserem Schlummer gern vermeiden würden.

Nach Erfahrung zu dürsten, ist Teil allen Lebens. Dies nimmt jedoch oft die Form des Wunsches an, sich immer wieder in a n d e r e Erfahrungen zu begeben als jene, die zur Verfügung stehen. Die Sehnsucht nach mehr ersetzt das Bedürfnis nach Tiefe, die unsere natürliche Art sein könnte, mit der Welt in Kontakt zu sein, wenn wir nicht ihr gegenüber abgestumpft wären. Wir suchen diese Tiefe oder Fülle des Gewahr-Seins, die unser Geburtsrecht ist, intuitiv; und wenn wir sie nicht finden, suchen wir nach Reizen aus der Umwelt: würzigen Speisen, Klettern, Rennwagen, Wettbewerbsspielen, Tragödien auf der Filmleinwand.

Der Ansatz in der Gestalttherapie ist umgekehrt. Erfahrung wird zwar gesucht, aber nicht durch Stimulierung, sondern durch Sensibilisierung. Von außen stammende Erregung wird vom Gestalttherapeuten als eine Form der Unterstützung durch die Umwelt gesehen, die nicht notwendig ist für jenen, der Erregung von innen entwickelt hat und der auf diese Weise zu seinen Sinnen kommt.

Die Techniken der Gestalttherapie können auf zwei Weisen dazu dienen, den Patienten in Kontakt mit seiner Erfahrung zu bringen. Ein Weg ist, Vermeiden aufzugeben, aufzuhören, Erfahrung zu überdecken. Der andere Weg besteht darin, unsere Energien dazu zu bringen, sich auf den Inhalt des Gewahr-Seins in Form intensivierter Aufmerksamkeit oder absichtlicher Übertreibung zu beziehen. Obwohl diese beiden Wege so eng ineinandergreifen, daß man sie als die linke und rechte Hand des Psychotherapeuten betrachten könnte, werde ich sie in getrennten Kapiteln behandeln.

## UNTERDRÜCKENDE TECHNIKEN

*Seid ihr jemals bei so etwas dabeigewesen, was für Gruppentherapie gehalten wird?*
*Jeder äußert seine Meinung irgendeinem Opfer gegenüber, und jeder interpretiert jeden. Argumente, verbale Ping-Pong-Spiele, bestenfalls ein Angriff:„Du projizierst, mein Liebes", oder der Auftritt einer Heulsuse, die „Ich Ärmste" spielt.*
*Welche Art Wachstum könnt ihr von diesen „Selbstverbesserungsclubs" erwarten?*

*Fritz Perls*

Die erste Voraussetzung dafür, das zu erfahren, was wir potentiell erfahren können, ist aufzuhören, etwas anderes zu tun. Eine Reihe von Aktivitäten, und zwar andere als die, aufmerksam zu sein und uns zum Ausdruck zu bringen, halten uns so beschäftigt, daß wir kaum irgendwelche Aufmerksamkeit für den Augenblick übrig haben, in dem wir leben. Schon wenn wir aufhören können, einige unserer gewohnten Spiele zu spielen, finden wir, daß wir Erfahrung nicht mehr suchen müssen, sondern daß wir sie gar nicht vermeiden können. Wie ich schon sagte, erfahren wir tatsächlich immer irgendetwas — auf einer Ebene, mit der wir nur zwischenzeitlich in Kontakt sind und mit der wir uns nicht identifizieren. Unsere Augen sehen, „wir" sehen nicht. Unsere Träume können sich an das erinnern, was wir nicht bewußt sehen, und sie erzählen uns Dinge, die „sie" wissen, nicht „wir".

Um zu erfahren, müssen wir gegenwärtig, müssen wir h i e r und j e t z t sein. Wir können das, was vergangen oder abwesend ist, nicht erfahren (wir können es nur in der Vorstellung wiederschaffen). Die Realität ist immer jetzt. Sogar während wir erinnern, besteht unsere Realität in unserer gegenwärtigen Handlung des Erinnerns, unserem Uns-erinnern-wollen, unseren Reaktionen auf unsere Erinnerungen hier und jetzt.

In gewöhnlichen Gesprächen gibt es wenig Raum für das Jetzt. Vieles von dem, was wir sagen, besteht darin, Anekdoten zu erzählen, Pläne auszutauschen, Überzeugungen oder Meinungen mitzuteilen. Nicht einmal unsere innere, geistige Aktivität ist vorrangig um die Gegenwart zentriert. Vieles davon sind Antizipationen, Erinnerungen, Phantasien und Anpassungsspielchen. Wir Gestalttherapeuten sehen solche Aktivitäten mit Mißtrauen. Jede von ihnen ist eine berechtigte und zweckmäßige Fähigkeit von uns; und doch benutzen wir sie meistens nicht für einen sinnvollen, konstruktiven Zweck oder sogar zu unserem Vergnügen, sondern — genau wie wir mit unseren Fingern herumspielen oder gedankenlos Männchen malen — als eine mechanische Ablenkung. Genauer gesagt ist die Sicht des Gestalttherapeuten, daß alle diese Aktivitäten nicht dazu dienen, das Gegenwärtige wahrzunehmen, sondern die Gegenwart zu vermeiden.

Durch die einfache Technik, aufzuhören, irgendetwas anderes zu tun als zu erfahren, mag es sowohl dem Therapeuten wie dem Patienten möglich sein, die Gültigkeit dieser Annahme zu überprüfen.

Die Erfahrung, nichts zu tun außer auf die Inhalte des Gewahr-Seins zu achten, kann (genauso wie wenn man eine psychedelische Droge nimmt) zu lohnendem Kontakt mit der Realität oder zu intensivem Unbehagen führen. Wenn uns nichts bleibt als das Offensichtliche, werden unsere Einstellungen gegenüber uns selbst und unserer Existenz sichtbar — besonders im Negativen. Wir fühlen uns vielleicht verlegen und ungeschickt, oder wir haben das Bedürfnis, uns zu erklären oder uns über die Situation lustig zu machen; wir kommen uns vielleicht dumm und uninteressant vor; wir brauchen uns in diesen Fällen nicht zu wundern, warum wir so wenig Zeit in der Gegenwart verbringen und so viel in der Phantasie und Spekulation. Wenn wir die Übung des Gewahr-Seins als unangenehm oder schmerzlich erfahren haben, werden wir ohne Schwierigkeit akzeptieren, daß unsere Neigung, in der Vergangenheit, Zukunft oder in Abstraktion zu leben, ein Vermeiden solchen Unbehagens darstellt.

Es gibt eine besondere Erfahrung, zu der die Frustration von Vermeidungshaltungen oft führt und der der Gestalttherapeut besondere Bedeutung beimißt — die Erfahrung des Nichts.
Von der Erfahrung des Nichts zu sprechen, ist in einem gewissen Ausmaß ein Widerspruch in sich selbst, denn eine Erfahrung beinhaltet immer „ir-

gendetwas".„Nichts" stellt eine Vorhölle der Vergessenheit dar, wo die oberflächlichen Spiele der Persönlichkeit fallengelassen wurden und das Gewahr-Sein des Selbst noch nicht deren Stelle eingenommen hat. Dieses Nichts hat eine illusorische Qualität, genau wie die negativen Gefühle, die ich weiter oben erwähnte. Scham, Schuld und Angst zum Beispiel sind keine reinen Erfahrungen einer Realität, sondern das Endergebnis von Einstellungen, mit denen wir uns gegen die Realität stellen, sie verleugnen, ihr widerstehen und Angst haben, sie wahrzunehmen. In der Erfahrung des Nichts oder der Leere stehen wir auch als Richter über uns selbst und verkünden das Urteil:„Nicht genug". Nichts, Leere, Bedeutungslosigkeit, Trivialität sind alles Erfahrungen, bei denen wir unsere Erwartungen oder die Maßstäbe, an denen wir Realität messen, nicht aufgegeben haben. Sie stammen nicht aus reinem Gewahr-Sein, sondern aus Vergleichen.

Die Bedeutung dieser Erfahrung des Nichts leitet sich aus der Beobachtung ab, daß sie eine Brücke zwischen Vermeiden und Kontakt, oder — wie Perls es ausgedrückt hat — zwischen den phobischen und explosiven Schichten der Persönlichkeit bildet. Perls hat dieser Phase des therapeutischen Prozesses soviel Gewicht beigemessen, daß er Gestalttherapie sogar in den entsprechenden Begriffen definiert hat: „Gestalttherapie ist die Umwandlung der unfruchtbaren zur fruchtbaren Leere".

Wie können wir das verstehen? Nichts ist nur solange ein Nichts, wie wir unter dem Zwang stehen zu meinen, es müsse ein Etwas sein. Sobald wir das Nichts akzeptieren, wird uns alles zuteil. Das Nichts wird zu einer Leinwand, auf der wir alle Dinge sehen können, zum 'Grund', aus dem jede „Figur" frei auftaucht. Sobald wir nicht schöpferisch sein m ü s s e n, ist, was immer wir tun, unsere Schöpfung; sobald wir nicht erleuchtet sein müssen, ist unser Gewahr-Sein des Moments Erleuchtung; sobald wir aufhören, uns darum zu kümmern, dieses oder jenes zu sein, und wir ein Nichts in bezug auf derartige Maßstäbe spüren, nehmen wir wahr, daß wir der sind, der wir sind. Der unterdrückende Aspekt der Gestalttherapie schließt allgemeine Prinzipien ein, und auch — so könnte man es sehen — individuelle (negative) Rezepte: Anforderungen, die für jeden Patienten gelten und auch Regeln für die Gruppe darstellen, einem speziellen Spiel nachzugeben, das seinen Hauptvermeidungsmechanismus bildet. Ich werde auf den genannten Aspekt unten eingehen. Die wichtigsten Tabus der Gestalttherapie wurden bereits erwähnt: Geschichten erzählen, Antizipatio-

nen, Darüber-Rederitis (aboutism), Sollerei (shouldism), Manipulation.
Ich habe in diesem Kapitel das Thema der Zukunft und Vergangenheit
kurz angesprochen und werde es später näher untersuchen, so daß ich es
hier nur um der Vollständigkeit willen erwähne. Über die anderen Bereiche (Darüber-Rederitis, Sollerei und Manipulation) werde ich detaillierter
sprechen und dabei auch die Ausnahmen zu den Regeln diskutieren.

## DARÜBER-REDERITIS
### (Aboutism)

Darüber-Rederitis ist ein Name, den Perls gern dem „Wissenschaftsspiel-
chen" gibt, so wie er die Sollerei (shouldism) für das Wesentliche am „Re-
ligionsspielchen" hält. In der therapeutischen Situation manifestiert sich
diese Haltung am häufigsten darin, (diagnostische) Information anzubie-
ten, kausale Erklärungen zu suchen, philosophische oder moralische Themen oder die Bedeutung von Wörtern zu diskutieren. All dies — zusammen
mit höflichen Klischees — wird in der Gestalttherapie als „Wortschwall"
tabuisiert. Wie Perls sagte:„W a r u m und w e i l sind schmutzige Worte
in der Gestalttherapie. Sie führen nur zu Rationalisierungen und gehören
der zweiten Klasse von Wortproduktionen an. Ich unterscheide drei Klas-
sen von Wortproduktionen: Hühnerdreck (das ist ‘Guten Morgen‘, ‘Wie
geht es dir?‘ usw.) — Kuhmist (er besteht in ‘weil‘, Rationalisierungen,
Entschuldigungen) — und Elefantenscheiße (sie ist dann vorhanden, wenn
du über Philosophie redest, existentielle Gestalttherapie usw., das, was ich
jetzt tue.)"

Besonders der Begriff Kuhmist (bullshit) wurde in der Gestalttherapie wegen seiner Ausdrucksstärke ein Teil des technischen Jargons* — er weist
auf etwas hin, das ausgeschlossen werden sollte, auf etwas, das keine Substanz hat, wenn man es gegenüber der direkten Erfahrung abwägt.

Die Mißachtung des Gestalttherapeuten gegenüber Konzeptualisierungen
ist häufig für Patienten sehr frustierend, die vorher der Psychoanalyse oder

* Das gilt nur für die USA — Anm. d.Übers.

psychoanalytischer Literatur ausgesetzt waren, denn dort wird Interpretation als der Pfad zur Wahrheit betrachtet. Darüberhinaus scheinen viele Leute eine natürliche Tendenz zu haben, durch kausale Erklärungen Erleichterung von psychologischen Spannungen zu suchen. Sollten wir diese psychoanalytischen und spontanen Veständnisversuche nur ein steriles „Anpassungsspielchen" nennen, wie Perls vorschlägt?

Ich bin persönlich von dem Wert dessen überzeugt, im Rahmen einer psychotherapeutischen Technik intellektuelle Aussagen zu bremsen; ich stimme allerdings nicht mit der verächtlichen Haltung vieler Gestalttherapeuten gegenüber dem Wunsch des Patienten überein, auf einer intellektuellen Ebene zu verstehen. Ich glaube nicht nur, daß sich der Respekt für beides absolut mit der Anwendung der Technik verträgt, sondern daß er auch wirkungsvoller ist. Wir brauchen nicht zu glauben, daß das „aristotelische Warum-Weil-Spiel" i m m e r eine Vermeidungstechnik (phobisches Verhalten) ist, um den Nutzen der hier diskutierten Regel zu begründen. Es genügt zu glauben, daß Erklärungen m a n c h m a l Vermeiden sind. Wenn dies der Fall ist und der Patient das Gestalt-Spiel spielen muß, bei dem die Regeln ein Warum oder Weil nicht zulassen, wird er früher oder später an den Punkt kommen, wo er sich ohne die gewohnheitsmäßige Krücke unwohl fühlt. Mit anderen Worten: Einige seiner Erklärungen werden funktional, andere phobisch sein. Wenn er dagegen aufgefordert wird, Erklärungen überhaupt aufzugeben, wird er bemerken, daß er einige von diesen nicht leicht aufgeben kann; er wird sich schuldig, leer und ängstlich fühlen und wird d a r ü b e r sprechen wollen, anstatt das Unbehagen des Moments oder sein Sich-erklären-'müssen' zu erfahren.

Wenn meine Ansicht stimmt, dann kann die Technik, intellektuelle Formulierungen zu tabuisieren, ähnlich gesehen werden wie ein Filmentwickler: als Mittel, das ans Licht zu bringen, was sonst unsichtbar geblieben wäre. Ich glaube, daß das allgemein über unterdrückende Techniken gesagt werden kann.

Wenn man die Effektivität der Technik, Interpretationen wegzulassen, anerkennt, dann muß dies andererseits nicht in der Annahme gründen, daß jede Interpretation fruchtlos ist und der Wunsch nach intellektuellem Verständnis ein Symptom oder einen Irrweg darstellt. Es genügt zu sehen, daß Interpretation m a n c h m a l fruchtlos ist und daß der Patient mit der

Erwartung, sich durch diese Art des Verständnisses zu ändern, i m a l l -
g e m e i n e n einen unnötig langen Umweg wählt.

Um es noch einmal zu sagen: Ob interpretieren oder nicht, sehe ich unter
dem Gesichtspunkt, was technisch um der besseren Wirkung willen vorzu-
ziehen ist, also eher als eine Frage, was vergleichsweise effektiver ist und
nicht als Ergebnis einer heiligen Verordnung, nach der jede Interpretation
an sich „schlecht" ist.

Gestalttherapie ist im wesentlichen ein nicht-interpretativer Ansatz, weil
ihr Ziel Erfahrung, Gewahr-Sein und nicht intellektuelle Einsicht ist. Die
Psychoanalyse gründet auf der Entdeckung, daß intellektuelle Einsicht zu
emotionaler Einsicht führen kann. Gestalttherapie ruht auf der Überzeugung, daß — sosehr dies auch möglich sein kann — intellektuelle Einsicht
häufiger zur Falle, zum Ersatz oder zur Krücke wird und für immer die Erfahrung ersetzt, ü b e r d i e sie spricht. Auf jeden Fall kann Gewahr-Sein
mit direkteren Mitteln angeregt werden als durch intellektuelle Formulierung der wahrscheinlichen Inhalte. Neben der Indirektheit solch eines
„computerhaft" berechnenden Ansatzes hat der Gestalttherapeut auch
deshalb etwas dagegen, weil ein „Ich-erzähl-dir-mal-was-Spiel" darin enthalten ist: eine Beziehung also, die die Entwicklung von Eigenunter-
stützung oder Verantwortung nicht fördert.

Ich denke, wenn wir unsere Patienten dazu auffordern, der Regel zu folgen, sich nicht selbst zu interpretieren, und wenn wir unsere eigene Regel,
nicht zu interpretieren, akzeptieren und gleichzeitig wissen, daß dies eine
technische und keine moralische Angelegenheit ist, werden wir in besse-
rem Kontakt mit ihnen sein, als wenn wir ihre „Weils" implizit als Vermei-
dungen oder als „Sabotage" betrachten. In meiner eigenen Praxis sage ich
im allgemeinen etwas in der Richtung, daß das Bedürfnis nach Interpretation auf irrtümlichen Annahmen basieren könnte, und ich lade meine Patienten dazu ein, mit einer Situation zu experimentieren, in der Interpretation keinen Platz hat. Wenn es einem Patienten nicht gelingt, sich an
eine Regel zu halten, die er bereits akzeptiert hat, können wir daraus
schließen, daß

1. er an diesem Punkt etwas erfährt, das er vermeiden muß;
2. sein Wunsch, das Spiel „Schau-nur-wie-klug-ich-bin" oder ein

ähnliches zu spielen, stärker ist als der, seine Erfahrung mitzuteilen;

3. er es nicht wagt, dem Therapeuten und/oder der Methode zu vertrauen, die dieser anwendet.

In jedem dieser Fälle ist das Versagen des Patienten, in dem vorgeschriebenen Verhalten (nämlich lediglich seine Erfahrungen zu verbalisieren) zu bleiben, für den Therapeuten mindestens genauso wichtig wie Erfolge des Patienten. Wenn er nicht intellektualisiert, wird er früher oder später

1. bemerken, daß er dies nicht braucht, um Selbsterkenntnis zu gewinnen;

2. über die „Löcher" in seiner Persönlichkeit stolpern: die Bereiche von Impotenz, Lähmung und Unfähigkeit, Erfahrung zu akzeptieren etc., die der Erfahrung der Leere Vorschub leisten. Wie wir gesehen haben, ist dies äußerst wünschenswert.

Wenn der Patient andererseits Erklärungen abgibt oder sie bei sich selbst oder beim Therapeuten sucht, kann der Therapeut auf zwei Weisen vorgehen. Er kann

1. auf der Regel bestehen;

2. die Aufmerksamkeit des Patienten auf das lenken, was er im Moment erfährt: das Bedürfnis, ein bis jetzt nicht anerkanntes Unbehagen zu vermeiden; den Zwang, wegzuerklären oder sich mit Hilfe von vergangenen Ereignissen zu rechtfertigen; den Wunsch, sich als einsichtsreicher Patient akzeptiert zu fühlen; die Wahl, auf seine Weise einzusteigen anstatt so, wie es der Therapeut vorgeschlagen hat etc.

In den genannten Fällen wird das Versagen des Patienten, sich an die Regel zu halten, als Schlüssel benutzt; die Regel hat dann indirekt der Funktion gedient, den Schlüssel offensichtlich zu machen.     Der Erfolg des Therapeuten hängt bei jedem Vorgehen von seiner Fähigkeit ab, aus dem Redestrom des Patienten oder dem Fluß seines Gewahr-Seins die Schlüssel zu bedeutungsvollen Themen herauszugreifen, den Ausdruck jener Aspekte in seiner Persönlichkeit nämlich, die Konfrontation verlangen. Die unterdrückenden Regeln der Gestalttherapie sind ein gutes Mittel, jene Augenblicke in der Erfahrung des Patienten zu finden, die ans Licht gebracht werden müssen. Dies sind im allgemeinen die Momente, in denen der Patient trotz der Struktur, die vom Therapeuten gesetzt wurde, die Wahl trifft, seine fortlaufende Erfahrung nicht auszudrücken, sondern ü b e r sich selbst oder andere zu sprechen.

Die Regel, die Darüber-Rederitis zu vermeiden, schließt die Regeln mit ein, nicht zu erklären oder nach Erklärungen zu suchen, nicht zu philosophieren oder nach einer Wahrheit außer der augenscheinlichen zu suchen; sich nicht zu diagnostizieren oder Informationen zu sammeln, die Interpretationen fördern (plus über das Wetter oder die Morgennachrichten etc. zu diskutieren). Sie trifft nicht nur für den Einzelpatienten zu, sondern ist auch in der Gruppeninteraktion besonders wirksam. In der Einzeltherapie sind Erklärungen gelegentlich ein Zeitverlust. In der Gruppensituation führt eine Erklärung zur nächsten und wieder zur nächsten und wieder zur nächsten, so daß sich eine Ebene des Gesprächs festsetzt, in der nichts Bedeutungsvolles passieren kann. Die einfache Regel, die Äußerung von Meinungen, Ideen, Ansichten über die Gefühle anderer Mitglieder etc. zu hindern, ist andererseits eine Garantie in sich selbst, daß etwas Bedeutungsvolles in der Sitzung geschehen wird: Denn die Mitteilung von Erfahrungen löst Erfahrungen aus, und der Ausdruck von „kleineren Gefühlen" führt tendenziell in einer Atmosphäre des Nicht-Vermeidens zu dramatischem Engagement — wie Funken, die zu Feuer werden.

Die Regel, nicht zu intellektualisieren, ist nicht nur im verbalen Bereich anwendbar. In Einzel- oder Gruppentherapie kann es nützlich sein, sie für sich allein zu üben und sie auf das gesamte Denken auszudehnen. Dies schließt wiederum nicht mit ein, daß ein gedankenfreier Geisteszustand ein idealer Wert für j e d e n Moment des Lebens sein sollte. Es schließt allerdings ein, daß wir die meiste Zeit die Wahl treffen zu kalkulieren, anstatt uns unserer Selbst gewahr zu sein, und daß wir uns der Wahl, dies zu tun, nicht einmal bewußt sind. Die Technik, den „Computer" abzudrehen, kann uns für den Kontakt mit unserer laufenden Erfahrung verfügbarer machen, worin der Wunsch enthalten sein kann, die Zukunft vorherzuplanen oder nicht. Vieles in unserem Denken hat tatsächlich die Natur einer Probe und zeigt ein Bedürfnis auf, die Zukunft zu kontrollieren. In der Suche nach dieser „Sicherheit" können wir vielleicht Verlust und Schmerz vermeiden, aber wenn wir Computer geworden sind, können wir auch nicht leben.

## SOLLEREI
### (Shouldism)

Uns selbst und anderen zu erzählen, was sein s o l l t e, ähnelt der Darüber-Redeeritis. Es ist ein anderer Weg, nicht zu erfahren, was i s t . Fritz Perls erzählt eine Geschichte, um dies zu illustrieren:„Moishe und Abe spielen Karten. Moishe:'Abe, du schummelst!' Abe:'Ja, ich weiß.' "
Fritz ist ein Darüber-Reder, ein Geschichtenerzähler, Moishe ist ein Soller, Abe ein Ist-ler.

Bewertung stellt einen Schritt dar, der von der Erfahrung abgehoben ist, wenn wir versuchen, in der Bewertung in ein Muster zu passen, das von der Vergangenheit geliehen oder in die Zukunft extrapoliert ist. Wenn das Maß unserer Anpassung genügend mit unseren Urteilen übereinstimmt, dann „akzeptieren" wir. Dieses Akzeptieren heißt jedoch nicht, die Werte zu entdecken, die in dem liegen, was ist. Es ist keine Liebe für die Einzigartigkeit der zur Verfügung stehenden Erfahrung darin enthalten, für die Freude an ihr um ihrer selbst willen. Es gibt auch kein Entdecken, nur einen Anerkennungsstempel, der auf der Anpassung an vorgefertigte Normen basiert. Darin liegt Sicherheit. Der status quo mag erhalten bleiben. Immer dann jedoch, wenn das Maß der Übereinstimmung zwischen Normen und Aktualität nicht ausreicht, kümmern wir uns darum, was fehlt, anstatt um das, was gegenwärtig ist. Vieles von dem, was wir unsere „Erfahrungen" nennen, sind die unangenehmen Gefühle, die durch die Frustration unserer Erwartungen hervorgerufen werden anstatt durch das Gewahr-Sein dessen, was zu begreifen vorhanden ist. Wir erfahren dann nicht Gegenwärtiges, sondern „erfahren ein Nichts".

Es mag uns zeitweise gelingen, unsere urteilende Haltung gegenüber der Realität aufzugeben, so wie wir das vielleicht mit unserem computerartigen Denken tun. Das bedeutet zum Beispiel, daß wir damit aufhören, das „Selbstquälerei-Spiel" oder das „Selbstverbesserungs-Spiel" zu spielen. Wenn wir dazu fähig sind, können wir eine unerwartete Bandbreite echter Gefühle entdecken, die unser vereinfachender Mechanismus zu akzeptieren oder abzulehnen überdeckte.

Jeder, der die vorübergehende Seligkeit der psychedelischen Erfahrung kennt, weiß, was es heißt, ohne den „Topdog" zu leben. Sobald das Monster des S o l l t e künstlich zum Schlafen gebracht ist, ist alles das, was es ist. Das „Vergleiche-Spiel" hat aufgehört. In allem offenbart sich uns der innere Gehalt des Guten, und alles ist das vollkommenste Beispiel seiner selbst.

Ich entdeckte einen Teil des Unterschieds zwischen wirklicher Erfahrung und Sollerei durch bewußtes Schmecken. Vor Jahren war ich einen Morgen lang in einer Gestalttherapie-Sitzung und ging mit dem Gefühl aus ihr, offen für die Welt zu sein, mich nicht gegen irgendetwas, gegen irgendjemanden verteidigen zu müssen — ohne Angst, sogar dem Tod selbst zu begegnen. Ich kam ins Eßzimmer; es gab Muschelsuppe. Seit meiner Kindheit haßte ich alles, was nach Meerestieren schmeckte so sehr, daß mir oft davon schlecht wurde. Es erschien mir allerdings ziemlich lächerlich, zu denken, daß ich zwar bereit war zu sterben, aber einen Teller Suppe ablehnen mußte. Sobald ich sah, daß ich das Gefühl der Offenheit und Defensivelosigkeit, das immer noch in mir war, in die Situation mit der Suppe hineinbringen konnte, s c h m e c k t e ich zum ersten Mal wirklich Muschelsuppe, und ich weiß, daß der Geschmack völlig anders war als der, den ich viele Male vorher geschmeckt hatte. Bei früheren Gelegenheiten, wenn ich eine ähnliche Substanz in meinem Munde hatte, war ich so damit beschäftigt, meine Ablehnung zu erfahren, daß ich den Informationen, die mir meine Geschmacksnerven übermittelten, keine Aufmerksamkeit schenken konnte. Ich „schmeckte" eine Phantasie plus meiner eigenen Aktivität, eine Barriere zwischen meinem Essen und mir selbst aufzurichten. Dieses Mal — endlich offen — merkte ich, daß Muschelsuppe völlig anders war als meine „Erinnerung" an sie. Bei dem Versuch, ihren Geschmack zu beschreiben, konnte ich nur sagen:„Gutes altes Protoplasma".

Es ist ein Z i e l der Gestalttherapie, so sehr in der Gegenwart leben zu können (zumindest dann, wenn wir dies wählen), daß keine Normen der

Vergangenheit unser Gewahr-Sein trüben: daß wir so sehr der sind, der wir sind, daß kein Gefühl des S o l l t e unsere Identität vernebelt. Können wir dies jedoch jetzt tun? Wenn nicht, dann ist die Regel, „nicht zu sollen" wahrscheinlich unrealistisch.

Typisch für die Gestalttherapie ist jedoch, daß sie uns sagt, jetzt zu tun, was wir gern morgen erreichen würden. So wie ihr Rezept bezüglich des Ideals der Gegenwartszentrierung ist: „Lebe j e t z t in der Gegenwart", so ist ihr Rezept gegenüber dem Ideal der Freiheit von der Sollerei: „Hör j e t z t damit auf, dich selbst zu tadeln und dich selbst zu loben."

Obwohl dies typisch für die Gestalttherapie ist, gilt dieser Ansatz nicht für sie allein. Es mag nützlich sein, uns an die Aussage von Ferenczi zu erinnern, daß die Analyse beendet sein kann, wenn der Patient die Fähigkeit zur freien Assoziation erreicht hat. Die freie Assoziation ist in der Psychoanalyse das Ziel und auch das Mittel. Dasselbe kann darüberhinaus von jeder Fertigkeit gesagt werden. Wir lernen schwimmen, indem wir schwimmen, nicht, indem wir Bücher darüber lesen oder indem wir unsere „Blockaden" gegen das Schwimmen analysieren. Der praktische Ausdruck der spezifischen Anordnung, nicht zu bewerten, liegt in der e i n f a c h e n A n e r k e n n u n g der Erfahrung, zu sehen, ohne zu bewerten oder zu kritisieren:

Th(erapeut): *Was erfährst du jetzt?*
P(atient): *Ich fühle mich gut. Ich bin nicht verspannt. Ich spüre Wärme für Dich.* (lächelt) *Toll!* (Pause)
Th.: *Ich denke, daß du Propaganda für dich selbst machst.*
P.: *Ja! Ich möchte gern, daß jeder sieht, daß ich okay bin. Das ist es, was ich erfahre: Ich will eure Anerkennung, und ich habe Angst, wenn ich euch meinen Scheißdreck zeige — wenn ich euch meinen Scheißdreck nochmal zeige, werdet ihr genug von mir haben.*
Th.: *Was erfährst du j e t z t ?*
P.: *Ich sehe dich. Ich fühle meine Hände auf meinen Schenkeln. Ich fühle mich ausgeglichen. Ich höre die Geräusche vom Meer.* (Pause) *Ich könnte ewig weiter zuhören.*

Meine Aussage: „Du machst Propaganda für dich selbst", beruhte in diesem Fall auf einer diskutierbaren Vermutung, und war in diesem Sinn am Rande einer Interpretation. Meine Gründe, zu glauben, daß dies der Fall war, waren folgende:

1. Die negative Aussage: „Ich bin nicht verspannt". Wir können uns nur dessen gewahr sein, was wir sind. Negative Aussagen schließen das „Vergleiche-Spiel" ein und sind generell Bewertungen: „Genüge ich diesem oder jenem Standard?" „Lade ich mir diese oder jene Sünde auf?"

2. Das Vorherrschen bewertender Begriffe gegenüber Inhalten. „Gut", „toll", „warm" sind keine wahrnehmungsorientierten oder beschreibenden Informationen. Der Patient scheint mehr daran interessiert zu sein, zu berichten, daß es ihm gut geht, als daran, womit er in seinen guten Gefühlen in Kontakt ist. Umgekehrt ist er am Schluß in Kontakt mit mir, mit seinen Händen, mit dem Meer, und ich konnte sehen, daß es ihm gut ging, ohne daß er es mir berichten mußte.

Bezüglich der Erfahrung des Patienten in dem oben genannten Beispiel war der springende Punkt seine Bereitschaft, zu prüfen und zum Ausdruck zu bringen, was er erfuhr — er hat so die Wahl getroffen, es unter seinem „Gutgehen" zu verbergen. Das Gewahr-Sein seiner Angst, abgelehnt zu werden, seines Zwanges, sich angenehm zu fühlen und seiner Handlung, sich zurückzuhalten, was heißt zu heucheln — was ihm alles klar war — wurden zunächst von ihm durch einen blinden Fleck ersetzt. Als er aufhörte, die offensichtliche Realität des Augenblicks zu vermeiden, begann er, auch für die Umwelt offen zu sein.

Der Regel zu folgen, nicht zu bewerten, ist schwieriger als der damit in Beziehung stehenden Anordnung, nicht zu denken, was zum Teil daran liegt, daß Beurteilen eine subtilere Aktivität darstellt. Im oben genannten Beispiel war der Patient überzeugt, daß er nur seine Erfahrung z u m  A u s - d r u c k  b r a c h t e , während er sich eigentlich selbst v e r t e i d i g t e . Bevor jemand aufhören kann zu bewerten, muß er klar sehen, wie er es tut, und dies kann vorausgehende Arbeit erfordern. In der Gestalttherapie ist — wie wir genauer sehen werden — einer der Wege, dieses Gewahr-Sein hervorzubringen, der, genau die Mängel zu übertreiben, die wir überwinden, wollen. Um in der Gegenwart zu leben, können wir entdecken, daß es nützlich ist, der Vergangenheit ihren Tribut zu zollen oder absichtlich unseren Zukunftsphantasien nachzufolgen. Genauso müssen wir — bevor wir aufhören zu urteilen — so absichtlich urteilen, daß wir bemerken, wie wir es tun und vor allem anderen erkennen, daß wir die Wahl treffen, es zu tun.

P: *Ich fühle nichts Besonderes. Ich sehe dich auf dem Baumstamm sitzen. Ich fühle den Wind auf meinem Gesicht. Ich habe das Gefühl:'Na und'. Alles, was ich wahrnehme, ist schön, aber ich bin nicht zufrieden. Mir fehlt etwas. Ich weiß, daß ich anders fühlen kann. Ich erinnere mich an bessere Zeiten...*

Th: *Das Spiel, das du spielst, heißt „Das-ist-nicht-genug". Von jetzt an sage hinter jedem deiner Sätze: „Dies ist nicht genug".*

P: *Ich sehe dich, und das ist nicht genug. Ich rieche den Duft dieser Büsche, und das ist nicht genug. Ich warte darauf, daß das nächste Ding in mein Gewahr-Sein kommt und ich davon berichte, und das ist nicht genug. Jetzt schaue ich in den Himmel, und das ist nicht genug. Ich habe das Gefühl: Das i s t genug! Ha! Ich lache, und das ist nicht genug. Mir macht dieses Spiel Spaß, und das ist nicht genug. Natürlich, ich mach das die ganze Zeit, und das ist ein blödsinniges Spiel.*

Th: *Sehr gut. Jetzt möchte ich, daß du einige Zeit das Gegenteil tust. Nach jedem Stück Gewahr-Sein füge hinzu: „Das ist genug" oder: „Das ist mehr als genug".*

P: *Ich sitze hier, und das ist genug. — Klar ist es das. Ich bin mir deiner Anwesenheit bewußt, und du gibst mir deine Zeit, und das ist genug. Ich bin dir dankbar. Ich sehe den Eukalyptus gegen den Himmel, das ist genug. — Es ist ein herrlicher Baum. Ich sehe seine Rinde so verwundbar, sie ist mir wertvoll. Ich habe fast das Gefühl, daß i c h der Eukalyptus b i n. Der Wind bringt mir den Geruch, und das ist mehr als genug. Es ist, wie wenn der Baum meinen Gedanken antworten würde, und mir ist dieser Geruch so lieb. Jetzt bin ich mir der Atmosphäre gewahr, der Sommerhitze. Ich fühle die Luft wie eine Art goldener Bienen, die geschäftig eine durchgehende Note summen. Süß und warm wie der Sonnenschein... Im Moment möchte ich nichts anderes.*

Wenn wir streng genug einschätzen, sind Gefühle wie Angst, Schuld und Scham keine direkten Erfahrungen, sondern das Ergebnis von Bewertung:

ein vom Verstand erschaffener Vorhang, den wir zwischen uns selbst und die Welt schieben. Hinter jedem Fall von Schuldgefühl liegt das Ideal, dem uns einzupassen wir versagen – hinter jedem Fall von Angst der Wunsch, die Zukunft so zu manipulieren, wie wir denken, daß sie sein sollte.

Wenn wir jemanden auffordern, seine E r f a h r u n g e n – und nichts mehr als das – zum Ausdruck zu bringen, dann fordern wir ihn letztlich dazu auf, über dieses M a y a hinauszugehen und zu beschreiben, wie ihm die Dinge gegeben werden, wenn er aufhört, sie durch seine Einstellungen zu färben. Wir sagen: Angst, Schuld und so weiter... sind etwas, das du dich selbst fühlen machst, oder das du wählst zu fühlen – sie sind nicht deine Erfahrungen der Welt.

Im eingeschränkteren Sinn des Wortes jedoch sind Schuld, Angst und damit in Beziehung stehende Gefühle nicht nur Erfahrungen, sondern es sind Erfahrungen, die dem Gewahr-Sein des einzelnen am nächsten sind.

Wie weit man mit der Regel, nicht zu bewerten, in diesen Fällen geht, ist eine Angelegenheit, über die ich keine Aussage gefunden habe, obwohl es leicht ist, die Möglichkeiten beider Alternativen zu sehen: in die Schuld, die Unzufriedenheit, die Angst hineinzugehen oder umgekehrt, diese darunter liegenden Spiele nicht zuzulassen, um die Erfahrung des Offensichtlichen dazwischenzuschieben.
Perls betont sehr den letzten Ansatz: zu sehen, anstatt uns vorzustellen, und zu erkennen, daß das, was uns fehlt, nicht die Mutter ist, sondern vielleicht ein Bleistift. Auf der anderen Seite kann das Mißlingen, sich an die Regel zu halten, nicht zu bewerten, genau wie bei der Darüber-Rederitis als ein Schlüssel für weitere Arbeit und für die Anwendung anderer Techniken verwendet werden.

Bei der Regel, nicht zu bewerten, entsteht – wie bei der Anweisung, nicht zu denken – die Frage nach der Anwendungsbreite. Ist sie als reine Technik aufzufassen, deren Wert auf die therapeutische Situation eingegrenzt ist? Oder „sollten" wir unsere nicht-wertende Haltung zu einem nächsten „Sollte", einer Lebensregel machen? („Wir sollten nicht sollen.") Die letzte Frage kann ohne einige klärende Bemerkungen nicht sauber beantwortet werden, Bemerkungen, die zum Beispiel die Unterschiede zwischen dem S o l l t e und Idealen oder Zielen betreffen.

Ein Ideal ist ein Konzept des Wünschenswerten, das entweder auf Glauben oder Erfahrung ruht. Ein Ziel ist eine Zielscheibe oder ein zweckvolles Verhalten, ein Markstein für unsere Orientierung, der ein Ideal sein kann oder nicht. So wie ich Gestalttherapie verstehe, versucht sie nicht, Konzepte wünschenswerter oder zweckvoller Handlungen auszuradieren, obwohl sie versucht, übertriebene Orientierung auf die Zukunft durch einen guten Anker in der Gegenwart auszubalancieren. Wenn die Gestalttherapie darauf abzielen würde, Ziele und Ideale zu eliminieren, wäre schon das Beweis genug, daß dies nicht der Fall ist: Das Ziel der Ziellosigkeit und das Ideal der Ideallosigkeit sind immer noch ein Ziel und ein Ideal.

„Sollte" andererseits unterscheidet sich sowohl von einem Ziel als auch von einem Ideal: „Sollte" bildet eine psychologische Aktivität, mit einer Realität überkreuz zu sein, die nicht anders sein kann als so, wie sie ist. Wenn wir uns zum Beispiel selbst Vorwürfe machen für etwas, das bereits vergangen ist, geben wir einem ziemlich zwecklosen Gefühl nach, das weder den Fehler verbessert, den wir uns aufgeladen haben, noch notwendig ist, um es in der Zukunft besser zu machen. Der einzige Nutzen unseres Schuldgefühls ist vielleicht, daß es uns auf einer gewissen Ebene ein „besseres" Gefühl macht.

Dasselbe kann über unsere Haltung in bezug auf die Gegenwart gesagt werden. Unsere Erfahrungen und Handlungen hier und jetzt sind das, was sie sind, und können unmöglich etwas anderes sein. Selbst Tadel oder Eigenlob machen sie nicht zu mehr oder weniger. Und sie machen u n s ganz sicher nicht besser. Wenn es einen Weg zur Erfüllung von Idealen gibt, dann besteht er sicher nicht darin, sie in S o l l t e zu verdrehen.

„Sollte" existiert jedoch in dem Ausmaß, in dem wir die vorausgegangene Aussage nicht glauben. Wir glauben, daß wir „den Fluß anschieben" müssen, daß die Dinge ganz sicher in einer Katastrophe enden, wenn wir sie nicht richtig machen. In diesem Sinn ist S o l l t e ein Ausdruck unserer eigenen Verrücktheit, kontrollieren zu wollen, über die ich im nächsten Abschnitt sprechen werde. Unsere katastrophische Erwartung nimmt gewöhnlich die Form an: Was würde aus mir (oder der Welt) werden, wenn es meine (unsere) V e r s u c h e nicht gäbe? Leute sollten s o l l e n , um nicht in Schwierigkeiten zu geraten.

Der Standpunkt der Gestalttherapie ist hier wie in anderen Bereichen, daß G e w a h r - S e i n a u s r e i c h t . Oder besser gesagt: Gewahr-Sein und Orientierung, wobei letzteres ein Aspekt des Gewahr-Seins selbst ist. Wenn wir ein Konzept des Wünschenswerten haben und wissen, wo wir stehen, dann ist das alles, was wir für unsere eigene Bewegung brauchen, um in der gewünschten Richtung fortzuschreiten. Eine gute Analogie ist vielleicht die des Kindes, das gehen und klettern lernt. Warnungen vor Gefahr und Kritik, wie richtig sie auch immer sein mögen, werden nur seine Aufmerksamkeit von der vorliegenden Aufgabe ablenken und es verspannt machen. Wenn solche „Hilfe" ständig kommt, dann macht sie das Kind unsicher, nicht geschickter.

So wie dem Erwachsenen, der das Kind zu sehr beschützt, das Vertrauen in die Fähigkeit des Kindes, zu lernen und sich zu entwickeln, fehlt, fehlt uns in unserer Selbstmanipulation — wenn wir angeben oder uns tadeln — das Vertrauen in unseren psycho-physischen Organismus.

Wenn die Gestalttherapie sagt, daß es unnötig ist (in der Form des Versuchens oder Strebens), den „Fluß anzuschieben", dann sieht sie im Gewahr-Sein von B e g r e n z u n g e n nicht einen Ausdruck einer irrelevanten Sollerei — im Gegenteil: Eine realistische Einschätzung dessen, wo wir bezüglich unserer Ziele oder Ideale stehen, ist nur möglich, wenn unsere Bewertung nicht durch das „Selbstbestrafungs-Spiel" oder ihm entgegenwirkende Abwehrhaltungen verzerrt ist. Der Mechanismus, mit dem wir uns schlechtmachen, und in dem wir so viel unserer Energien investieren, ist völlig anders als die gelassene Wahrnehmung unserer Fehlschläge, genauso, wie Haß sich von wirklicher Liebe unterscheidet. Eine gesunde Haltung den eigenen Fehlschlägen gegenüber kann am besten an der Person eines guten Lehrers in einer konkreten Fertigkeit gezeigt werden.

Ein Tennislehrer würde sagen: „Das war zu hoch." „Das war gut." „Jetzt bist du nicht schnell genug gewesen." „Du kannst deine Schulter mehr entspannen." All dies bringt Tatsachen zum Ausdruck; es sind keine moralischen Aussagen. Sie gehen von der Sicherheit aus, daß der Student sie als B e o b a c h t u n g e n nutzen will. Der Lehrer zwingt ihn weder, noch kontrolliert er ihn. Er fordert nicht, daß sich der Student verbessert, sondern dient s e i n e m Wunsch.

Was in der Gestalttherapie Topdog heißt, ist das Gegenteil: Der Topdog zwingt dem Underdog s e i n e Wünsche auf — er manipuliert und kon-

trolliert ihn. Es wäre zu einfach — vereinfachend — zu sagen, daß der Topdog etwas ist, das man wegschieben sollte, wie unzweckmäßig „er" auch
immer sein mag. Ich glaube, daß die Einstellung der Gestalttherapie am
besten in der Aussage deutlich wird, daß der Topdog assimiliert werden
muß. Die „Hilfe", mit der er den Underdog kontrolliert, um ihn auf dem
Pfad der Rechtschaffenheit zu halten, kann man als P r o j e k t i o n der
eigenen Wünsche des Underdog ansehen. „Pflicht" — wenn sie als ein Sollte erfahren wird — ist ein Fall enteigneter Verantwortung. „Meine Pflicht
verlangt dies" hat die Aussage „ich wähle" eingenommen; „ich muß" ersetzt das „ich möchte". Wenn wir den Fluß anschieben, tun wir das mit
der Energie des Flusses. Der Fluß unseres Lebens spielt ein übles Spiel mit
sich, wenn er sich selbst anschiebt anstatt zu fließen.

## MANIPULATION

Die Frage der Manipulation steht im engen Zusammenhang mit der der
Wertung, so wie Werten in Beziehung zu dem „Anpassungs-Spiel" des Denkens steht.

Darüber-Rederitis weist hauptsächlich auf einen Mißbrauch des Intellekts
hin (das heißt den Gebrauch des Intellekts, um zu vermeiden) — Sollerei
ihrerseits auf einen Mißbrauch des emotionalen Lebens. Manipulation ist
eine ähnliche Aktivität im Bereich des Handelns. Der Gestalttherapeut
bringt die Regel, nicht zu manipulieren, gewöhnlich nicht in ihrer allge-
meinsten Form zum Ausdruck — die Regel nämlich, nicht auszuagieren.
Trotzdem denke ich, daß das I d e a l , nicht zu manipulieren, so sehr Teil
der Handlungsweise eines Therapeuten ist, daß es sich lohnt, diesen Punkt
hier näher zu erläutern.

Handlung kann — genauso wie positives und negatives Denken und Fühlen — eine Vermeidungshaltung darstellen. Falls dies paradox klingt, dann
deshalb, weil wir einen Maßstab anlegen, in dem wir vom Verhalten her
phobische Einstellungen mit dem V e r m e i d e n v o n A k t i o n oder
von Situationen des „wirklichen Lebens" gleichsetzen. Die Auffassung des

Gestalttherapeuten von Vermeidung ist im Gegensatz dazu prinzipiell die, daß es sich um eine P h o b i e  v o r  d e r  E r f a h r u n g und um ein V e r m e i d e n  v o n  G e w a h r - S e i n handelt, und es ist nicht schwer zu sehen, wie viele unserer Handlungen darauf abzielen, Unbehagen zu verringern, also die inneren Zustände zu vermeiden, die wir nicht akzeptieren wollen. Ganz allgemein könnte man sagen, daß die meisten unserer Handlungen ein Vermeiden von Erfahrungen sind. Wenn wir unser Leben mit den Augen eines Erleuchteten betrachten würden, sähen wir vielleicht das meiste davon als Variation des durchgängigen Themas, vor etwas davonzulaufen. Jeder, der sich auf die Zen-Übung „nur zu sitzen" eingelassen hat, weiß, wie unerträglich es werden kann, nichts zu tun, und wie die einfachste aller Übungen dazu dienen kann, all das offenzulegen, was erregtes Zuvieltun verbirgt. Langeweile, Zukunftsängste, Leere, Traurigkeit — sie werden alle von demjenigen konfrontiert werden müssen, der sich darauf eingelassen hat, zu sitzen und alles Versuchen aufzugeben.

Die Aussage, daß die meisten Handlungen des gewöhnlichen Menschen im Vermeiden wurzeln, und daß dies seinerseits ein Vermeiden der Leere darstellt, ist gleichbedeutend mit der Terminologie Maslows, daß Handlungen durch ein Defizit motiviert sind. Wenn wir unsere Gipfel-Erfahrungen, jene vergangenen Augenblicke außerordentlicher Fülle und Offenheit für die Welt ins Gedächtnis rufen, werden wir wahrscheinlich finden, daß sie Augenblicke darstellten, in denen es genug war, zu sein — Momente, in denen die Ekstase über das Gegebene derart war, daß es keinen Wunsch für irgendetwas anderes gab, kein Bedürfnis zu handeln oder Wandel hervorzurufen.

Aussagen wie diese — die meist von Mystikern stammen, die mehr oder weniger ständig im Zustand solcher Gipfel-Erfahrungen sind — haben oft eine ähnliche Reaktion ausgelöst wie der Gesichtspunkt des Nicht-Sollens: „Was würde aus der Welt werden, wenn jeder so zufrieden mit seiner Existenz wäre? Hätte die Welt ohne ihre Unzufriedenheit derartige Fortschritte machen können? Leiden zu akzeptieren, wie es die Bergpredigt oder der passive hinduistische Mystizismus gern hätten, konnte doch nur zur Ausbeutung oder Stagnation führen."

Solche Aussagen stammen aus der Vermutung, daß Wandel nur aus dem Verlangen nach Wandel entstehen kann, und Handlung nur aus dem

Wunsch, Wirkungen oder Ergebnisse hervorzurufen. Diese Annahme läuft mit der vorher diskutierten parallel, nach der wir nichts Gutes tun würden, wenn wir es nicht „versuchten". Beide Annahmen sind nach der Gestalttherapie Ausdrucksformen dafür, daß das Vertrauen in eine organismische Selbstregulierung fehlt.

Der Gestalttherapeut sagt (um es noch einmal zu wiederholen): „Gewahr-Sein ist genug." Im Gegensatz zu Handlungen, die darauf abzielen, Erfahrungen zu vermeiden, handeln wir dann aus unserer Erfahrung heraus und b r i n g e n   s i e   z u m   A u s d r u c k . In ihnen liegt nicht die Absicht, eine Wirkung hervorzurufen, so wie auch große Kunst nicht beabsichtigt, bestimmte Gefühle im Publikum auszulösen; sie verweist lediglich auf ihre eigene Existenz.

Handlung, die aus Defiziten motiviert ist, die der Unzufriedenheit ein Ende setzen will, wird ersetzt durch ein Ja zum Leben, durch Handlung, die in ihrem ihr inneliegenden Wert verwurzelt ist.

Die Arbeit eines wirklichen Künstlers oder Dichters, der die von ihm wahrgenommene Schönheit in eine Form oder in Worte bringt, ist ein solches Ja — sie ist der Handlung eines Liebenden ganz ähnlich, der seine Hände den Umrissen seiner Geliebten folgen läßt. Handlungen, die Leben unterstützen und nicht verneinen, die das Selbst offenbaren und nicht verbergen, die zum Ausdruck bringen und nicht unterdrücken, sind in gewisser Weise gar keine Handlung. Da sie n a t ü r l i c h vonstatten gehen, ohne unsere Neigungen zu vergewaltigen, ohne Bedürfnis, uns selbst zu manipulieren, können sie als Weg des geringsten Widerstandes erfahren werden — der einfachste Weg, um im Augenblick zu sein.
Perls hat bemerkt, daß solche Handlungen nicht auf einer W a h l (einem „Anpasse-Spiel") beruhen, sondern auf P r ä f e r e n z . Ich glaube, daß die Erfahrung, von der er gesprochen hat, dieselbe Natur hatte wie die, die Sengtsan, den dritten chinesischen Patriarchen des Zen, inspirierte, sein Hsin-Hsin-Ming mit dem Vers einzuleiten: „Nichts ist schwer am Großen Weg, aber vermeide zu wählen."

Handlung, im Gegensatz zur Manipulation (seiner selbst oder anderer) wird als ein Fluß von innen heraus erfahren und nicht als etwas, das man durchführt, um äußere Normen zu erfüllen — ob sie nun (als Topdog) internalisiert sind oder nicht. In dem Ausmaß, in dem wir uns mit der Funktion der Eigenmanipulation identifizieren (und sie „Ich" nennen), können wir damit verbundene Handlungen als etwas erfahren, das nicht „Wir", sondern die s i c h s e l b s t hervorbringen.

„Es" ist ein verpöntes Wort in der Gestalttherapie, denn es ersetzt oft das Wort „Ich" oder „Du", womit Direktheit oder Verantwortung vermieden werden. Wir betonen normalerweise in der Gestalttherapie, daß „es" nicht „passiert", sondern daß w i r t u n , was immer wir tun. So sehr dies stimmen mag, kann „es" — für Momente höchster Spontaneität — die erfahrungsgemäße Qualität einer Handlung am treffendsten zum Ausdruck bringen. Der Maler kann fühlen, daß die Arbeit sich selbst tut, der Schriftsteller spürt, daß seine Charakterfiguren seinen Absichten entwischen, der Tänzer fühlt sich „inspiriert". Ich bin sicher, daß Perls bei all seiner Beständigkeit, die „Es-Sprache" zu vermeiden, dieser Ausnahme zustimmte, denn in all seinen Malgruppen benutzte er oft Anweisungen wie: „Entscheide dich nicht, beeile dich nicht, sei einfach aufmerksam bei der Pinselspitze und laß sie * hingehen, wohin sie will."

Auf der technischen Ebene findet die Idee, Manipulation aufzuheben — wie die anderen Gebote — ihren Ausdruck in der Übung des Gewahr-Sein—Kontinuums. Denn — um die Erfahrung des Augenblicks in Worte zu fassen — wir müssen dem Augenblick gegenüber und dem, was er bringt, offen sein und uns nicht damit beschäftigen, unser eigenes Programm zu produzieren. Die Art, in der Manipulation während der Übung des Gewahr-Sein—Kontinuums einsetzt, kann vor allem darin bestehen, sich selbst oder andere (den Therapeuten, die Gruppe) zu manipulieren, obwohl beides letztlich untrennbar ist.

Manipulation anderer, die wir auch verstehen können als Selbstmanipulation, die darauf ausgerichtet ist, andere zu manipulieren (wie zum Beispiel in der Aussage: „Lächle zurück, damit ich mich gut fühlen kann") schließt die ganze Skala von „Spielen" ein. In einem Spiel ist immer die Hoffnung auf ein Ziel enthalten, und es kann als eine Manipulation um des eigenen Vorteils willen gesehen werden, nicht als ein Akt, mit dem ich mich zum Ausdruck bringe.

*Im Amerikanischen „it" - „es". — Anm. d. Übers.

Perls sah Spiele als eine äußere Schicht der Persönlichkeit, „die unechte Schicht", die „Eric-Berne- oder die Freudianische-Schicht", und wann immer er diesen Spielen begegnete, zog er sich entweder zurück oder – was eine Ausnahme gegenüber seiner Regel war – interpretierte:„Du spielst hilflos", „Du spielst taub", „Wieviele Therapeuten hast du besiegt, bevor du zu mir gekommen bist?" „Du stellst Bärenfallen auf."

Diese Interpretationen (globale Interpretationen, nicht kausale Erklärungen) waren jedoch nicht so sehr als Beobachtungen, sondern eher als Warnungen gemeint:„Wenn du mit mir arbeiten willst, hör besser damit auf."

Nicht zu manipulieren, war bei Perls eine i m p l i z i t e Regel – ein Teil einer Aufforderung, echt zu sein, die er so selbstverständlich sah, daß seine Patienten fähig waren, darauf einzugehen. Zumindest setzte er sie als Zulassungsprüfung ein. Seine Funktion sah er darin, durch die Schichten der Persönlichkeit zur Ebene der Explosion vorzustoßen, aber diesen ersten Teil der Arbeit, Spiele zu transzendieren, verstand er als elementaren Schritt, für den der Patient verantwortlich gemacht werden konnte:„Du Neunmalkluger, um mit dir erfolgreich zu arbeiten, brauche ich ein kleines bißchen deines guten Willens. Ich kann nichts für dich tun."
„An diesem kurzen Wochenende werde ich mich dir nicht öffnen, wenn du ein Giftspritzer bist, der mich schlaff und erschöpft zurückläßt."
„Wenn du ein Fallensteller bist, der mich mit ‘unschuldigen' Fragen schluckt, der mich herumhetzt und darauf wartet, daß ich einen falschen Schritt mache, der es dir ermöglicht, mich zu köpfen, dann werde ich mich von dir herumhetzen lassen, aber ich werde die Falle vermeiden..."
„Wenn du eine lächelnde Mona Lisa bist und versuchst, dich durch ein unzerstörbares „Ich-weiß-es-besser" vor mir zu verstecken, und von mir erwartest, daß ich mich totlaufe, um zu dir zu kommen, werde ich auf dir einschlafen."
„Wenn du ein Verrücktmacher bist, werde ich bald aufhören, dir zu folgen und mit dir zu argumentieren. Du bist ein Verwandter des Giftspritzers."

Die Erscheinungsarten von Manipulation, die eine Person hauptsächlich auf sich selbst anwendet, können schwerer zu bemerken sein als die, die in interpersonellen Spielen enthalten sind. Denn in letzteren kann der Therapeut die Stöße oder das Ziehen, die stillen Anforderungen oder Schmeicheleien spüren, die seine Freiheit eingrenzen oder ihn aus seiner ei-

genen Mitte bringen wollen. Eigenmanipulation ist jedoch vielleicht genau
der Faktor, der die echte Übung des Gewahr-Sein-Kontinuums von einer
Täuschung oder von der Pseudoübung unterscheidet, die der „gute Patient" über lange Zeit fortführen kann, ohne zu irgendetwas Bedeutungs-
vollem zu kommen. Diese Arten, den Fluß der Erfahrung zu kontrollieren,
machen das Gewahr-Sein-Kontinuum selbst zu einem Spiel, das man lediglich durch Einhaltung der Regeln spielt. Das Ergebnis ist dann vielleicht
eine lange Aufzählung von Objekten im Raum, Teile körperlichen Gewahr-
Seins, von Tönen etc., die mehr einer Inventur gleichen als einer Selbst-
erforschung. Was in diesen Fällen geschieht, ist, daß die Regel „Bring deine Erfahrungen zum Ausdruck" gleichgesetzt wurde mit „Beschreibe
Wahrgenommenes", was nur oberflächlich die gleiche Aufgabe darstellt.

Dieser Punkt wird klarer, wenn wir ein extremes Beispiel überdenken:
Eine Person macht sich daran, einen detaillierten Bericht dessen zu geben,
was sie visuell wahrnimmt. Das Ergebnis eines solchen Unterfangens ist
vielleicht ein Katalog von Eindrücken, der für einen spezifischen, experi-
mentellen Zweck nützlich ist, und der unter Umständen, nicht notwendigerweise, zu erhöhtem Selbst-Gewahr-Sein führt. Dasselbe mag stimmen,
wenn Eindrücke anderer Sinnesarten — des Geruchs, kinesthetische Eindrücke — kundgetan werden. Tatsächlich tun einige Patienten nichts sonderlich anderes, als zwischen einer und der nächsten Bestandsaufnahme
hin- und herzupendeln. Der Unterschied zwischen der oben genannten
Aufgabe und der Übung des Gewahr-Sein-Kontinuums liegt hauptsächlich
in zwei Faktoren: Einmal in der Frage des S e l b s t - Gewahr-Seins und
zum anderen in der Frage der E i n s t e l l u n g . Ich werde zu beiden etwas sagen.
Ein Patient, der eine Auflistung von Wahrnehmungsinhalten vornimmt, ist
sich im allgemeinen seiner eigenen Handlung nicht bewußt:„Ich z ä h l e
Dinge  a u f , die ich wahrnehme". Das ist seine unmittelbarste Erfahrung,
das, was für ihn am offensichtlichsten sein sollte und was für ihn genauso
unsichtbar bleibt wie sein eigenes Gesicht. Wenn er sich seiner eigenen Gefühle und Handlungen gewahr werden könnte, würde sich der Bericht vielleicht zu so etwas entwickeln:

    Ich schaue auf den Teppich. Ich denke, ich sollte weitermachen und
    etwas anderes sagen. — Ich wende meinen Blick nach rechts, und
    jetzt sehe ich die Lampe. Jetzt habe ich eine ganze Weile ein Ding

und dann ein anderes angeschaut, und ich glaube nicht, daß ich davon viel habe. — Ich langweile mich jetzt und bin irgendwie müde. Ich wünschte mir, daß du mir über meine Langeweile und meine Oberflächlichkeit weghilfst etc.

Wenn die Übung des Gewahr-Seins oberflächlich bleibt, weil blinde Flekken so wie in dem oben kommentierten Beispiel erhalten bleiben, mag dies korrigiert werden, indem man darauf hinweist, was vor sich geht („Du zählst Objekte auf"), oder indem man die Aufmerksamkeit der Person auf seine eigene körperliche oder geistige Aktivität lenkt. Sobald der Patient wahrnimmt, was er anderes t u t , als seine Erfahrungen zum Ausdruck zu bringen, kann er einen Schritt in die Richtung machen, die ihn finden läßt, was seine natürlichen Erfahrungen sind. Davor könnte man ihn mit jemandem vergleichen, der auf einem Fuß steht und sich wundert, warum eines seiner Beine sich müde anfühlt, oder mit jemandem, der laut aus einem Buch vorliest, das in seiner Tasche steckte, und der sich danach fragt, warum die Therapiesitzung wenig persönliche Bedeutung für ihn hatte.

Ich glaube, der subtilste Punkt bei der Übung des Gewahr-Sein-Kontinuums — der wegen seiner Subtilität unmöglich als klare Regel formuliert werden kann — ist die Unterscheidung, offen gegenüber Erfahrung zu sein und Erfahrungen künstlich hervorzurufen.

Eine der gängigsten Reaktionen von Patienten auf dem „heißen Stuhl" (Hot Seat) ist Befangenheit, die mit dem Zwang einhergeht, Theater zu spielen. Theater spielen ist notwendigerweise eine Form der Manipulation — etwas geschehen machen, anstatt zu sehen, was da ist. Der Weg, der über das Theaterspiel hinausführt, muß — genau wie bei offensichtlicheren Spielen — mit dem Gewahr-Sein des Theaterspielens beginnen, was dann zu der subtileren Bewußtheit führt, produktiv, interessant für den Therapeuten, kreativ sein zu müssen aus Angst davor, trivial zu sein, aus Angst vor der Leere, dem Nichts und psychologischem Tod.

P:  *Ich spüre, daß ich zittere. (Pause) Ich warte darauf, etwas anderes zu sagen und suche nach etwas, das ich berichten kann.*

Th:  *Glaubst du, daß du leer sein, nichts erfahren würdest, wenn du nicht nach einer Erfahrung Ausschau hältst?*

P:  *Der Gedanke erleichtert mich. (Pause) Ich sehe Dinge da draußen, und ich sehe dich, und ich fühle, daß ich hier sitze – nichts davon interessiert mich sehr... Jetzt fühle ich mich leer... Ich fühle mich leicht... Ich muß es nicht vermeiden, mich leer zu fühlen! Ich fühle mich wie in Ferien, ohne zu versuchen, irgendetwas zu tun... Und jetzt sehe ich dich wirklich. Ich hatte vergessen, wer du bist... Ich fühle mich sehr lebendig.*

Es gibt Erscheinungen, die das Thema der Manipulation besonders betreffen und die hauptsächlich auftauchen, wenn Gestalttherapie in einer Gruppe angewandt wird. Sie sind so gängig, daß sie für Vorschläge dienen können. Hier sind die hauptsächlichsten:

**Fragen —**
Fragen sind in jeder Gruppensitzung, in der sie zugelassen werden, ein wichtiger Teil des Gesprächs. Wenige Fragen sind jedoch wirkliche Fragen. Ein großer Teil von ihnen (von unechten Fragen) ist eine diplomatische Art, die Ansichten des Fragestellers bloßzulegen; ein Weg, Zweifel zu äussern, oder bei der Aussage eines anderen aufzudecken, daß ihr die Grundlage fehlt etc. Eine Frage ist im allgemeinen eine Form der Manipulation, die darauf ausgerichtet ist, eine Antwort auszulösen und bringt nicht die Erfahrung des Fragestellers zum Ausdruck.
Eher gebraucht der Fragende eine Antwort, um die Erfahrung besser zu vermeiden, aus der seine Frage stammt:

Warum ärgerst du dich über mich?
= Jetzt wird klar werden, daß du keinen guten Grund hast, dich zu ärgern.
= Ich habe Recht.
= Ich kann aufhören, mich darum zu kümmern.

Warum tust du nicht dieses oder jenes?
= Schau nur, wie hilfreich ich für dich bin und schau, wieviel besser ich bin als du.
= Du brauchst mich.
= Ich brauch's, daß du mich brauchst: Diese Schwäche muß ich verstecken, um so zu erscheinen, wie ich das will.

Hast du das Gefühl, daß er dich anzieht?

= Es juckt mich zu wissen, ob ich bei ihm eine Chance habe, aber ich werde den Anschein erwecken, so frei wie möglich von allen persönlichen Interessen zu sein etc.

Fragen dienen nicht nur dazu, die Erfahrungen des Fragenden zu maskieren, sondern sie lenken auch den Inhalt der Gruppeninteraktion davon ab, was therapeutisch sinnvoll wäre, indem sie die Person, die angesprochen wird, zu einer Antwort und zur Befriedigung des manipulativen Bedürfnisses des Fragenden „saugen". Aus diesem Grund ist wahrscheinlich, daß eine Regel, keine Fragen zu stellen (und vor allem keine Warum-Fragen), die Dichte, mit der Erfahrungen in der Gruppe mitgeteilt werden, erhöht. Es ist jedoch genau deshalb, weil eine Frage eine Erfahrung verdeckt, nützlich, letzteres explizit zum Ausdruck zu bringen. Eine Art, dies zu tun, besteht darin, Fragen in der Form von Aussagen zu wiederholen. Zum Beispiel:

Was denkst du?

= Mich kümmert es, wie du dich mir gegenüber fühlst, und ich würde es gern wissen.

Meinst du nicht, daß du Recht hattest?

= Ich fühle mich danach, dich zu unterstützen. Ich würde gern dein schlechtes Gefühl vermeiden.

**Antworten —**

Bei sehr vielen reaktiven Antworten steigt man auf die Manipulation eines anderen ein; sie dienen damit weder dem Antwortenden noch der Gruppe. Darüberhinaus sind sie höchstwahrscheinlich für den Fragenden selbst nutzlos, wenn seine Frage unecht und ein Ausdruck von Vermeiden war. Dies ist jedoch nicht der Fall bei Reaktionen, durch welche die Erfahrungen zum Ausdruck kommen, die durch eine Frage ausgelöst wurden. Deshalb ist diesbezüglich die folgende, doppelte Regel sinnvoll:

1. Der Befragte hat die Freiheit zu antworten oder nicht, ganz wie er will.
2. Egal, ob er antworten will oder nicht, wird er seine Reaktion

mitteilen: „Ich stelle mir vor, daß du mit der Frage herauskommst, und ich habe keine Lust, darauf einzusteigen." oder: „Deine Frage macht mich aufgeregt, und ich habe Angst zu antworten." „Ich bewundere deine Wahrnehmungsfähigkeit, wenn du dies fragst, und ich würde gern ein anderes Mal eine intellektuelle Diskussion mit dir führen." etc.

**Um Erlaubnis bitten** –

Diese Situation tritt häufig im Zusammenhang von Einzel- und Gruppentherapie auf. Die Bitte mag explizit oder irgendwie implizit vorliegen — dann verdient sie es, überdacht oder erklärt zu werden. Wenn jemand nach der Zustimmung für irgendeine beabsichtigte Handlung fragt (Gruppenzeit in Anspruch zu nehmen, zu schreien, zu weinen etc.), so manipuliert er die Situation dahingehend, daß andere die Verantwortung für seine Handlung übernehmen, und er wird auf diese Weise die mögliche Sackgasse einer Entscheidung vermeiden. „Um Erlaubnis bitten" ist anders als nach Informationen über die Gefühle eines anderen zu fragen oder den Wunsch nach dieser Information zum Ausdruck zu bringen, um einen Schritt zu tun. Da dieses Verhalten der Aufforderung entgegensteht, Risiken einzugehen und die Verantwortung zu übernehmen, weisen die meisten Gestalttherapeuten den einzelnen - wenn er dieses Verhalten zeigt - einfach auf sein Bedürfnis nach Unterstützung hin und konfrontieren ihn auf diese Art mit seiner eigenen Freiheit und Angst.

**Forderungen** —

Die Haltung des Gestalttherapeuten in bezug auf den Ausdruck von Forderungen wird mit der jeweiligen Person und den Umständen entsprechend variieren. Er mag häufig in seiner Arbeit mit einer bestimmten Einzelperson oder in einer Gruppenübung den Ausdruck von Forderungen ermutigen, um so der Hemmung von Wünschen entgegenzuwirken, die Teil unserer Konditionierung als Kinder war. Auf der anderen Seite ist eine Forderung mehr als der Ausdruck eines Wunsches. Sogar wenn das therapeutische Ideal darin bestünde, daß der einzelne die Freiheit hat zu fordern, so besteht es auch darin, daß das Individuum frei genug ist, Forderungen nicht zu brauchen — denn bei Forderungen sind wir häufig unfähig, andere sein zu lassen oder ihnen gegenüber offen zu sein. Unser Bedürfnis, andere dazu zu bringen, etwas zu tun oder aufzuhören, etwas zu tun, ist unserem unsicheren Gleichgewicht proportional, dank dessen wir uns nur dann wohlfühlen, wenn die Umwelt „genau richtig" liegt und niemand unsere wunden Punkte anrührt. Wir können andere in dem Ausmaß nicht sein lassen, wie wir es bei uns selbst nicht zulassen können, auf die anderen so, wie sie sind, zu reagieren oder die Wirkung ihres So-Seins zu erfahren. Sie müssen zum Beispiel in unsere Ideale passen, denn wenn sie dies nicht tun, würde uns dies ärgern, und wir könnten es uns selbst nicht erlauben, solch ein schlechtes Gefühl zu erfahren. Oder wir müssen derart handeln, daß unsere Vorstellung von der Welt sich nicht zu ändern braucht und wir deshalb nicht traurig sein müssen. etc. Weil dies ein Bestandteil von Forderungen ist, mag der Therapeut manchmal eher auf der goldenen Regel bestehen, „Erfahrungen (in diesem Fall Wünsche oder Unbehagen) zum Ausdruck zu bringen", anstatt Positives oder Negatives zu fordern. Ansonsten wird er Forderungen als Schlüssel zu den Bereichen betrachten, in denen die Person es braucht, ihre eigene Erfahrung dadurch zu manipulieren, andere zu manipulieren; er wird sich so nach diesen Schlüsseln richten, wie er es in der Situation für angemessen hält.

## VERSTÄRKENDE TECHNIKEN

Gewahr-Sein kann durch Unterdrückung oder Verstärkung intensiviert werden. Sich einem Impuls entgegenzustellen, kann das Gewahr-Sein des Impulses steigern, genauso, wie wir die Schubkraft eines Flusses sehr viel stärker spüren, wenn wir ihr mit unserer Hand widerstehen, als wenn wir dies nicht tun. Auch bei der Unterdrückung von Klischees — konditionierten Antworten, Spielen, die einige unserer Reaktionen bilden — werden wir uns dessen gewahr, wer wir über diese automatischen Reaktionen hinaus sind.

Gewahr-Sein wird jedoch ebenso wirkungsvoll dadurch intensiviert, daß der Ausdruck eines Impulses übertrieben wird. Darüberhinaus kann man die unterdrückenden Techniken, wie sie oben diskutiert wurden, als Mittel sehen, die wahre Ausdrucksform eines Menschen offenzulegen (wie die Verminderung von Lärm die Botschaft offenlegt).

Wir sind uns hauptsächlich durch das, was wir ausdrücken, unseres Selbst bewußt. Unsere Vorstellung davon, wer wir sind, ist von dem, was uns mißlingt und was wir durchgeführt haben, beeinflußt, wenn nicht vollständig bestimmt. (Einige Existentialisten würden weitergehen und sagen, daß wir der sind, was wir tun: Es gibt kein Wesen, das von unserer Existenz getrennt ist.) Jedoch sogar dann, wenn wir das sind, was wir tun, erfahren wir die konkreten Handlungen und körperlichen Zustände, in denen sich unser Sein offenbart, nur wie durch ein „verdunkeltes Glas".

Man könnte den Stellenwert intensivierten Ausdrucks in einer Übung des Gewahr-Seins damit vergleichen, wie sich der Kontrastregler am Fernseher auf das Sehen oder der Lautstärkenregler auf das Hören auswirkt. In dieser Analogie würde die Handlung, sich auf den Fernsehschirm zu konzentrieren und absichtlich dem Film zuzuschauen oder zuzuhören, der reinen Übung entsprechen, aufmerksam zu sein, was der immer gegenwärtige Hintergrund der Gestalttherapie ist. Den unterdrückenden Aspekt der Gestalttherapie könnte man auf der anderen Seite damit vergleichen, daß man das Licht ausmacht oder daß man das Fenster schließt, um ablenkende Geräusche von der Straße auszuschalten.

Durch das Mittel unterdrückender Anforderungen entmutigt der Therapeut das im Patienten, was er nicht ist; indem der Therapeut den Patienten einlädt, sich auszudrücken, regt er das an, was er ist.

Wenn der Patient fähig wird, das auszudrücken, was bislang unausgedrückt blieb, wird er sich nicht nur einem anderen offenbaren, sondern auch sich selbst — ganz ähnlich, wie ein echter Künstler Selbsterkenntnis durch seine Arbeit gewinnt. Selbstausdruck ist nicht nur ein Weg, sich seiner selbst gewahr zu werden, sondern auch ein Mittel in sich selbst: Die Fähigkeit, sich auszudrücken, ist wie das Bewußtsein Teil einer voll entwickelten Person und deshalb Ziel der Psychotherapie. Sich auszudrücken — was bedeutet, das eigene Fühlen und Verstehen in Handlungen, Formen, Worte umzusetzen — heißt, sich im buchstäblichen Sinn zu v e r w i r k l i c h e n ,sich selbst wirklich zu machen. Ohne eine solche Verwirklichung sind wir Phantome und fühlen die Frustration, nicht völlig lebendig zu sein.

Uns selbst auszudrücken (und uns damit zu vergegenwärtigen),wäre genauso natürlich wie das Keimen von Samen oder das Blühen der Blume, wenn es nicht eine Tatsache wäre, daß wir früh in unserem Leben Reibung, Angst und Schmerz erfuhren und lernten, mit „Strategien" zu manipulieren, anstatt zu riskieren, der Welt gegenüber offen zu sein. Und dies hat uns — bis zu einem gewissen Punkt — gedient. Die Summe dieser Strategien wurde jedoch, in der Form eines „Charakters", mehr oder weniger zu einem Endpunkt in sich selbst, einer „Identität", an der wir uns festklammern, die wir rechtfertigen und der wir Vorschub leisten, während wir uns von dem, was wir wirklich sind, entfremden und uns versagen, unsere Natur zum Ausdruck zu bringen.

In behavioristischen Begriffen könnte man Gestalttherapie als ein Programm positiver Verstärkung von Selbstausdruck, gekoppelt mit negativer Verstärkung von Manipulation und Unechtheit,betrachten.
Jeder Selbstausdruck ist im jeweiligen Zusammenhang nicht nur eine Gelegenheit, sich seiner selbst gewahr zu werden, sondern auch die Öffnung ei-

nes Weges, der zu Handlung führt — eine korrigierende Erfahrung, mit der der Patient in gewissem Maße lernt, daß er er selbst sein kann, ohne daß sich seine katastrophischen Erwartungen bestätigen: Er riskiert etwas, indem er sein phobisches Verhaltensmuster durchbricht und lernt, daß es befriedigend und grundlegend für den Kontakt mit anderen ist, sich zum Ausdruck zu bringen.

Ein Mann erzählte einen Traum, in dem er ein Bär war. Auf die Aufforderung hin, ein Bär zu werden, fühlte er sich zunächst sehr gehemmt. Nachdem er gedrängt wurde, sich in dieser Rolle vorzustellen und — als Bär — zu tun, wozu immer er sich geneigt fühlt, fing er an, zuerst tastend und dann mit viel Gefühl und Begeisterung, anderen Mitgliedern der Gruppe „Bären-Umarmungen" zu geben. Schließlich rief er aus: „Ich bin viel lieber ein Bär als ich selbst". Ein anderer meinte dazu: „Es gibt keine wirkungsvollere Art, Verhalten zu ändern als die, Verhalten zu ändern."

Die verstärkenden Techniken der Gestalttherapie können als Bestandteile von drei weitgefaßten Prinzipien gesehen werden: Handlungen anregen, Handlungen vervollständigen, Direktheit anstreben.
Oder mit anderen Worten: Unausgedrücktes ausdrücken, Ausdruck vervollständigen, Ausdruck direkt werden lassen.
Im folgenden werde ich mich mit diesen drei technischen Aspekten unter getrennten Überschriften auseinandersetzen.

## HANDLUNG ANREGEN

Die Gestalttherapie sieht vieles gängige Verhalten als phobisch: so strukturiert, daß es den Anschein haben kann, es fließe ungehindert; echter Kontakt wird jedoch vermieden, echter Ausdruck unterdrückt.
Über die fast universellen Vermeidungshaltungen gegenüber Schmerz, tiefem Kontakt und Ausdruck hinaus, sind einige unserer Phobien individuell und stehen mit der Enteignung spezifischer Funktionen in Beziehung, die Teil unseres Potentials sind.

Die Idee, Handlung oder Ausdruck anzuregen, hat dementsprechend in der Gestalttherapie zwei Formen technischer Anwendung: eine allgemeine, die andere individuell. Die allgemeine Anwendung zielt darauf ab, I n i t i a - t i v e  z u  m a x i m i e r e n , d.h. die Bereitschaft, Risiken einzugehen und sich in Wort oder Tat offen auszudrücken, zu stärken. Die individuelle Anwendung gibt ein „Rezept", das in einer individuellen Diagnose gründet; wenn der Betreffende danach handelt, ist er dadurch gezwungen, über seine Vermeidungshaltung hinwegzukommen.

### Ausdruck maximieren

Dieses Prinzip wird in der Gestalttherapie in verschiedenen Formen angewandt. Eins von indirekter Bedeutung haben wir bereits diskutiert: n i c h t - e x p r e s s i v e  H a n d l u n g  e i n z u s c h r ä n k e n . Wenn Klischees und Wortschwälle unterdrückt worden sind, bleibt nur noch die Wahl zwischen Leere und Ausdruck.

Eine zweite Technik, die Ausdruck maximiert, besteht darin, für  u n - s t r u k t u r i e r t e  S i t u a t i o n e n  z u  s o r g e n . Der einzelne ist in dem Maß mit seinen eigenen Wahlmöglichkeiten konfrontiert, in dem eine Situation nicht strukturiert ist. Er muß seine eigenen Regeln bestimmen, für seine Handlungen verantwortlich sein eben in dem Maß, in dem keine Interaktionsregeln oder Erwartungen bestimmten Verhaltens angeboten werden.

Wenn eine Struktur fehlt, ist der einzelne gefordert, kreativ zu sein, statt in einem vorher festgesetzten Spiel brav mitzuspielen.

Die Abwesenheit von Struktur ist — wie viele andere Aspekte der Gestalttherapie — ein Bestandteil ihrer Grundübung: des Gewahr-Sein-Kontinuums. Ich glaube außerdem, daß ein Therapeut nur dann, wenn er diese Seite der Übung anerkennt, fähig ist, auf den Patienten wirkungsvoll einzugehen.

Bei jedem Schritt im Gewahr-Sein-Kontinuum folgt der Patient den Eingebungen seiner Wünsche, Impulse und Neigungen des Augenblicks oder nicht. Was immer er tut, e r tut es. Er w ä h l t, und eine Funktion des Therapeuten ist es, ihm seine Entscheidungen bewußt zu machen und ihm erkennen zu helfen, daß e r die Wahl trifft — was heißt, daß er verantwortlich ist.

P: *Ich spanne meinen Kiefer sehr fest an. Ich fühle mich auch danach, Fäuste zu machen... und ich würde gern mit den Füßen stampfen.*

Th: *Und du tust das n i c h t.*

P: *Ja, ich halte mich zurück, mit den Füßen zu stampfen...*

Ein Mensch, der nicht integriert ist, wird — sobald er mit seinen eigenen Wahlmöglichkeiten konfrontiert wird — unvermeidlich seine inneren Spaltungen in der Form von Konflikten offenlegen:

P: *Ich fühle mich danach, aufzustehen und euch alle anzubrüllen.*

Th: *Ich sehe, daß du es nicht tust.*

P: *Ich habe Angst, daß es lächerlich wäre.*

Th: *E s ?*

P: *Ich würde mich lächerlich fühlen, so etwas zu tun.*

Th: *Hier bist du also in einem Konflikt: zu brüllen oder die Meinung der Gruppe zu fürchten. Laß uns daran ein bißchen arbeiten...(etc.)*

Die Konflikte, die während der Übung des Gewahr-Sein-Kontinuums am häufigsten offenbar werden, bestehen zwischen den organismischen Bedürfnissen einerseits und sozialem Rollenverhalten und der Überlegung, wie andere reagieren könnten, andererseits.
Dies läßt sich in dem Dilemma zusammenfassen:

Soll ich nun rülpsen und die Scham ertragen,
oder soll ich es nicht und Bauchweh haben?

Ich denke, es lohnt den Hinweis, wie wichtig es im Umgang mit solchen Konflikten ist, daß eine Struktur fehlt. In dieser Situation, in der die Regel „keine Regel haben" heißt, kann der Patient nicht anders, als den Konflikt als seinen eigenen anerkennen. Mit anderen Worten: Den Konflikt als einen Konflikt zwischen dem Selbst und der äußeren Welt (oder sozialen Regeln) zu definieren, würde hier nur bedeuten, sich der Verantwortung zu entziehen. Da die Regel ist: „Sei du selbst" , muß der Patient der Herausforderung seiner Freiheit begegnen. Das heißt nicht notwendigerweise, daß er bei anderer Gelegenheit keinem Konflikt in seiner Umwelt begegnen wird oder daß er in jeder Situation seinen Wünschen entsprechend handeln sollte. Dies wird von seiner reifen Wahl abhängen. Alles, was fehlende Struktur zur Verfügung stellt, ist eine Leere, die er mit dem, was er zum Ausdruck bringt, füllen wird, oder in der er sich andererseits seiner Unfähigkeit gewahr wird, sich auszudrücken. Er kommt zu einem Gewahr-Sein seiner Konflikte und ihrer Natur.

Im Zusammenhang der Gruppe nimmt fehlende Struktur eine zusätzliche Dimension an, und die Regel „keine Regel" mag einen ausdrücklichen Hinweis wert sein.

Ich sage der Gruppe üblicherweise, daß wir in unseren Sitzungen von ihrem Wesen her Wahrheit — unsere Wahrheit — erforschen werden und daß wir am meisten davon haben können, wenn wir es riskieren, unsere Gefühle nicht nur verbal offenzulegen, sondern uns auch non-verbal auszudrücken. Was wir sagen oder tun, mag sich als sehr relative Wahrheit herausstellen, oder es mag eine Selbsttäuschung sein — wir können das jedoch nur dann herausfinden, wenn wir uns mitteilen und dem Maß an Wahrheit entsprechend handeln, mit dem wir im Augenblick in Berührung sind. Die Regel hat auch Ausnahmen, die je nach Therapeut verschieden sind. Ein Beispiel dafür sind die unterdrückenden Techniken, die im vorigen Abschnitt dargestellt worden sind. Ein anderes ist manchmal die Aufforderung, die Arbeit des Therapeuten mit einer Person nicht zu unterbrechen. Mein eigener Grundsatz ist, daß ich keine Unterbrechungen gestatte, wenn ein Teilnehmer intensive Gefühle ausdrückt (dann also keine Aufforderungen oder Kommentare); wenn kein Teilnehmer auf dem „heißen Stuhl" sitzt, lasse ich spontanem Verhalten der Gruppe möglichst viel freien Raum.
Die andere Hauptkomponente, um Ausdruck zu maximieren, liegt in der direkten Anregung, sich in Worten oder Handlungen zu äußern. Diese Anregung ist wieder in der Beschreibung der Grundübung enthalten, denn der Patient wird dazu gedrängt, jeden Augenblick aufs Neue auszudrücken, was er erfährt. Darüberhinaus fordert der Therapeut den Patienten oft dazu auf, sich verbal auszudrücken, wenn der Patient dies von sich aus unterläßt:

Th: *Was erfährst du jetzt?*

P: *Ich ärgere mich über die Bemerkung von Joe.*

Th: *Du hast offenbar an dem Punkt aufgehört, deine Erfahrungen mit-*
*zuteilen, als du anfingst, dich zu ärgern.*

P: *Ja, ich hatte auch Angst.*

In der Gruppe kann verbaler Ausdruck auf unterschiedliche Weise angeregt werden. Fritz Perls sagte oft: „Ihr habt immer die Alternative, jemand anderen zu unterbrechen oder euch selbst. Ich möchte, daß ihr öfter andere unterbrecht und weniger euch selbst." Eine nützliche Vorgehensweise besteht darin, sich die Zeit zu nehmen, von jedem Gruppenmitglied in jeder Sitzung öfter eine kurze Darstellung seiner augenblicklichen Erfahrungen zu erfragen. Es hilft, Gefühle oder Reaktionen aufzuwecken, die man sonst vielleicht übergangen hätte; es weist auf etwas oder auf jemanden hin, was Aufmerksamkeit verdient und trägt dazu bei, die Kommunikationswege offen zu halten.

Eine Technik, in der fehlende Struktur und die Aufforderung, sich auszudrücken, zusammenfließen, besteht darin, sich auf ein Gruppenmitglied nach dem anderen zu beziehen, was häufig „die Runde machen" genannt wird. Dies kann verbal oder auf andere Weise geschehen und ist in der Regel als Einwegkommunikation höchst wirkungsvoll, bei der keine Reaktion erwartet wird oder keine Verpflichtung besteht, den Austausch fortzusetzen. Eine entsprechende Anweisung könnte zum Beispiel sein: „Sag zu jedem etwas" oder: „Sag jedem, was du sagen möchtest" oder: „Sag jedem, wie du dich ihm gegenüber fühlst" etc. Oder — um nicht-verbalen Ausdruck zu betonen: „Tu etwas mit jedem von uns" oder: „Tu mit jedem von uns, wonach du dich gerade fühlst, handle nach deinen augenblicklichen Impulsen."

Diese, wie die meisten anderen Vorgehensweisen der Gestalttherapie, sollten nicht zu stereotypen Formen werden, zu denen jedes Gruppenmitglied aufgefordert wird; sie sind dann am nützlichsten, wenn sie als Teil einer organischen Entwicklung und den momentanen Bedürfnissen des einzelnen entsprechend angewandt werden. Ihre Hauptfunktion ist, die Hemmungen oder den Mangel einer Person, sich im zwischenmenschlichen Bereich auszudrücken, zu überwinden. Die anregende Wirkung anderer wird hier dazu benutzt, um das auszulösen, was das Gewahr-Sein-

Kontinuum nicht spontan aufzeigt. Die aktive Form ist bei Risikovermeidern wertvoll, bei denen verbal-intellektuelles Reagieren und emotional-impulsives Verhalten deutlich gespalten sind. In solchen Fällen kann die Anweisung, etwas zu tun, den einzelnen entweder in eine Sackgasse bringen oder einen Aspekt seiner selbst offenlegen, der auf verbale Weise unzugänglich wäre.

Unter den Anforderungen, etwas zu sagen oder zu tun — ob zu anderen Gruppenteilnehmern oder nicht — gibt es eine Ausdrucksform, die es wegen des Ausmaßes, in dem sie Unstrukturiertheit und Initiative verbindet, verdient, gesondert angesprochen zu werden: unstrukturierte Vokalisierung oder Kauderwelsch. Kauderwelsch ist eine der wenigen Tätigkeiten, die man nicht programmieren oder proben kann. Die Willigkeit, Kauderwelsch zu „sprechen", kann man als die Bereitschaft sehen, das Unbekannte, das Ungedachte zu formulieren. Das Wesen der Aufgabe liegt jedoch nicht nur in der fehlenden Struktur, sondern auch im Ausdrücken. Jeder, der mit Kauderwelsch experimentiert hat, weiß, wie es etwas vom individuellen Stil und augenblicklichen Gefühlen eines jeden von uns widerspiegelt. Im Kauderwelsch liegt innerhalb der fehlenden Struktur etwas Vorherbestimmtes: Es formt sich, wie ein Kunstwerk, im Einklang mit unserer inneren Realität.

Die Technik, dazu aufzufordern, sich in Kauderwelsch auszudrücken, kann — wie alle zufälligen Handlungen — wertvoll sein, um Initiative und Risikobereitschaft allgemein anzuregen; sie hat jedoch noch einen spezifischen Zweck. Kauderwelsch ist — zumindest für einige — besonders gut geeignet, spontanen Ausdruck zu ermöglichen, den Worte oder andere Handlungen nicht zulassen würden. So kann die Botschaft, die mit diesen scheinbar sinnlosen Silben übermittelt wird, sowohl als Schlüssel wie als Same dienen, sich seiner selbst gewahr zu werden. Manchmal kann jemand jeden Ärger aus seinen Aussagen, seiner Stimme und seinem Gewahr-Sein ausblenden und doch ein Kauderwelsch produzieren, das er selbst ohne jeden Zweifel als ärgerlich erkennt. Oder seine normale Stimme und Haltung sind gefaßt, während sein Kauderwelsch flehend klingt, was weitere Arbeit an seiner unterdrückten Bedürftigkeit anregen kann. Der Patient kann später das, was immer er im Kauderwelsch ausgedrückt hat, versuchsweise in Worte fassen, was höchstwahrscheinlich zu erweitertem Gewahr-Sein führt.

### Individuelle Anweisungen

Was immer die Grundlage für die Intuition oder die Wahrnehmung des Therapeuten sein mag, es ist eine Tatsache, daß er manchmal die „Löcher" in der Persönlichkeit eines Menschen sehen kann.

„... Jeder von uns hat Löcher in seiner Persönlichkeit. Wilson van Dusen entdeckte dies zuerst bei der Schizophrenie, aber ich glaube, daß jeder von uns Löcher hat. Wo etwas sein sollte, da ist nichts. Viele Leute haben keine Seele. Andere haben keine Geschlechtsteile. Einige haben kein Herz; all ihre Energie fließt ins computerhafte Denken. Andere wieder haben keine Beine, um darauf zu stehen. Viele Leute haben keine Augen. Sie projizieren die Augen weg; die Augen sind weit in der äußeren Welt, und diese Menschen leben immer so, als ob ihnen zugeschaut würde... Die meisten von uns haben keine Ohren; die Leute erwarten, daß die Ohren außerhalb sind; sie sprechen und erwarten, daß jemand zuhört. Aber wer hört zu? Wenn die Leute zuhören würden, hätten wir Frieden." (Perls)

Der Therapeut kann eine Vorstellung davon entwickeln, was der Patient in seinem Leben oder seinem Verhalten vermeidet, was er verpaßt anzuerkennen, zuzulassen oder auszudrücken, das doch Teil seiner selbst ist. Indem der Therapeut ihn unterstützt, genau die Aspekte seiner selbst zum Ausdruck zu bringen, die er unterdrückt, hilft er ihm, sich selbst kennenzulernen, die Verantwortung dafür zu übernehmen, wer er ist, und so ganz zu werden. Was der Gestalttherapeut auf die oben angesprochene Art intuitiv erfaßt oder wahrnimmt, und was in der gewöhnlichen Psychotherapie Interpretationen oder Kommentare auslösen würde, wird dem Patienten höchstwahrscheinlich in den Mund, nicht in seine Ohren gelegt. Die Formulierung von Perls: „Darf ich dir einen Satz sagen?" ist zur Standardtechnik geworden, wobei der Patient mit der möglichen Wahrheit experimentiert, die der Therapeut gesehen hat, indem er sie zu einer eigenen Aussage über sich selbst macht. Meist wird dies ein Gefühl auslösen, ob sie stimmt oder nicht, eine andere Reaktion, die mehr bewirkt als intellektuelle Übereinstimmung oder Ablehnung.

Die Einladung des Therapeuten an den Patienten, etwas zu tun, was er vermeidet, ist im allgemeinen wirkungsvoller, wenn sie Handlungen und nicht so sehr Aussagen umfaßt, oder wenn — falls es sich um Worte handelt — die Worte den Stellenwert von Handlungen haben.

Th: *Ich sehe, daß du vermeidest, sie anzuschauen.*

P: *Ja.*

Th: *Experimentiere mit dem Gegenteil: Schau sie direkt an.*

P: *Ich fühle mich nicht wohl dabei. Ich habe das Gefühl, daß ich mit ihr nicht kommunizieren will.*

Th: *Sag ihr das.*

P: *Ich fühle mich von dir nicht angezogen. Ich fühle mich so, als wenn ich weit weg von dir wäre. Ich würde dich am liebsten überhaupt nicht sehen.* (bestimmter) *Ich mag nicht in deiner Nähe sein. Die ganze Zeit vereinnahmst du mich mit deinen Forderungen.* (laut) *Und ich hasse dich.*

In diesem Beispiel ist die Rolle des Therapeuten der einer Hebamme ähnlich. Er hilft, etwas zum Ausdruck zu bringen, was sonst ungesagt bleiben würde. In anderen Fällen mag er größere Sprünge machen. Er kann einen gehorsamen „guten Jungen" dazu auffordern, Ärger auszudrücken; er kann einen Supermann-Typ darauf hinlenken, um Hilfe zu bitten; einen arroganten Intellektuellen, wiederholt zu sagen: „Ich weiß es nicht". Oft wird er hier entsprechend seiner Intuition handeln – gegenüber dem „Killer" im „guten Jungen", der Unsicherheit im Alleswisser oder dem Bedürfnis nach Zuneigung im Supermann.

In anderen Momenten können Anweisungen wie diese in einem Verständnis gründen, das nichts mit Intuition oder der Wahrnehmung von Schlüsseln zu tun hat: nämlich dem Prinzip der Umkehrung.

Eine der Grundideen von Perls war, die Unterscheidung von Figur und Grund auf die Frage der Selbstwahrnehmung und der Persönlichkeitsformung im allgemeinen anzuwenden. Je nachdem, wie neurotisch wir sind, blähen wir einige unserer Eigenschaften, die wir für Tugenden halten, auf und machen uns blind gegenüber jenen, die wir Laster nennen. In ähnlicher Weise filtern wir unsere Spontaneität, fördern einige ihrer Ausdrucksformen und hemmen andere. Was, wenn wir unseren Blickwinkel verändern und das als Figur ansehen, was wir bisher als Grund betrachteten? Was, wenn wir das Experiment durchführen und eine Weile auf dem Kopf stehend in der Welt leben? Wenn wir jetzt in ihr auf dem Kopf stehen, ohne es zu wissen, könnte das Experiment eine bessere Möglichkeit offenbaren.

Die Idee, unsere gewohnte Selbstwahrnehmung und Handlungsweise umzukehren, kann verschiedene Formen annehmen, die man alle als Mittel ansehen könnte, den Ausdruck dessen hervorzubringen, was im Sinne einer widersprüchlichen Gestalt aufgeschoben, übergangen oder unterdrückt wurde. Dem liegt die Annahme zugrunde, daß das Gegenteil der Einstellung des jeweiligen Menschen wahrscheinlich ebenfalls ein — jedoch schwächer entwickelter — Teil seiner Persönlichkeit ist.

Das Prinzip der Umkehrung kann man nicht nur auf Gefühle, sondern auch auf körperliche Haltungen anwenden. Sich zu öffnen, wenn man in einer verschlossenen Haltung ist, tief zu atmen als Alternative zu einer Einschränkung in der Ein- oder Ausatmung, die motorischen Haltungen der linken oder rechten Körperhälfte umzuwechseln etc. kann irgendwann zur Entfaltung unerwarteter Erfahrungen führen.
Das Folgende ist ein Beispiel dafür:

Der Therapeut bemerkt, daß der Patient, während er seine Erfahrungen laufend zum Ausdruck bringt, oft unterbricht, was er sagt und fühlt, und in diesen Momenten schluckt oder schnieft. Der Therapeut schlägt vor, das Gegenteil von Schlucken und Schniefen zu tun. Der Patient läßt sich darauf ein, kräftig und lang auszuatmen, was damit endet, daß er von einem unbekannten und erstaunlichen Gefühl berichtet:
*... so, als wenn ich schluchzen würde, aber auch, als wenn ich gegen einen Widerstand drücken würde, und meine Muskeln sind angespannt, als wenn ich mich beim Gähnen strecke; mir macht die Anspannung Spaß, wenn ich versuche, völlig bis ans Ende auszuatmen; das fühlt sich auch irgendwie wie ein Orgasmus an.*
Später entdeckte er, daß er mit diesem Gefühl schon lange gelebt hatte, ohne sich dessen gewahr zu sein:
*Es ist, wie wenn ich platzen will, von innen heraus explodieren will und eine Art Hülle aufreißen will, in die ich eingepackt und eingegrenzt bin. Und gleichzeitig bin ich diese Zwangsjacke selbst und drücke mich zusammen.*

Diese kurze Erfahrung war der Anfang einer spontanen Entwicklung, die in den kommenden Monaten stattfand. Von da an war er sich seiner angespannten Muskeln und der damit einhergehenden Gefühle immer sehr gewahr und war mehr und mehr geneigt, körperliche Übungen zu machen. Er entdeckte dann die Lust am Tanzen und wurde viel freier in seinem Ausdruck, sowohl in seinen Bewegungen als auch in seiner allgemeinen Haltung. Schließlich konnte er den Ärger spüren, der in seinen Muskelkontraktionen lag, bis er sich dessen in seinen Reaktionen auf andere Menschen in einem vorher nicht dagewesenen Maß bewußt wurde.

Eine andere Richtschnur dafür, Handlung oder Ausdruck zu initiieren, die bisher nicht genannt wurde, ist das Gespür des einzelnen selbst, wann ein „Endpunkt" oder – in der Gestaltterminologie – ein Abschluß fehlt. Ungesagtes und Ungetanes hinterläßt eine Spur in uns, die uns an die Vergangenheit bindet. Ein beträchtlicher Teil unserer Tagträume und unseres Denkens ist ein Versuch, in der Phantasie das auszuleben, was uns in der Realität nicht gelingt. Wie wir noch sehen werden, lädt der Therapeut den Patienten manchmal dazu ein, Phantasien realer zu machen, indem er sie ausagiert; ein anderes Mal fragt der Therapeut lediglich, ob der Patient das Gefühl hat, daß etwas unerledigt ist und lädt dazu ein, das zu tun, was er aufgeschoben oder vermieden hat. Diese Idee kann auf verschiedene Weise angewendet werden: in der Phantasie einen unabgeschlossenen Traum beenden; zu den Eltern das sagen, was während der Kindheit ungesagt geblieben war; vom geschiedenen Ehepartner oder einem toten Verwandten Abschied nehmen. In der Gruppentherapie ist es gängige Gepflogenheit, am Ende der Sitzungen oder der Tage zu fragen, ob zwischen den Gruppenmitgliedern etwas nicht erledigt ist. Das Gefühl, etwas ist „unerledigt", entsteht meistens dadurch, daß der Ausdruck von Anerkennung oder Ärger zurückgehalten wurde. Dies kann eine Gruppenübung direkt erforderlich machen.

## AUSDRUCK ABRUNDEN

Wir drücken uns immer bis zu einem gewissen Punkt aus. Der echte Schriftsteller wird den anonymsten Charakter so darstellen, daß sich der Mangel an Besonderheit doch als Ausdruck seiner selbst offenbart. Es gibt Augenblicke, in denen wir alle Künstler sind und das Wunder der Einzigartigkeit eines jeden durch seine scheinbar bedeutungslosen Handlungen sehen. Selbstausdruck ist jedoch — genauso wie Gewahr-Sein — von Person zu Person graduell verschieden. Der Gestalttherapeut verstärkt zum Beispiel den Selbstausdruck der jeweiligen Person, indem er die Augenblicke oder die Elemente echten Ausdrucks in einer Handlung erkennt und ihre Entfaltung fördert:

Th:  *Was erfährst du jetzt?*
P:   *Nichts Besonderes.*
Th:  *Du hast mit den Achseln gezuckt.*
P:   *Ich glaube ja.*
Th:  *Du hast es jetzt wieder gemacht.*(zuckt mit den Achseln)
P:   *Ich vermute, das ist eine Angewohnheit.*
Th:  *Tu es bitte noch einmal.*
P:   (tut es)
Th:  *Jetzt übertreib diese Geste.*
P:   (zuckt mit den Achseln, verzieht das Gesicht und macht eine ablehnende Geste mit den Ellenbogen oder den Händen.) *Ich glaube, ich sage damit:,,Geh mir nicht auf den Wecker". — Ja: Laß mich in Frieden.*

Um der Klarheit willen können wir meiner Meinung nach vier Arten von Vorgehensweisen unterscheiden, die dazu führen, Handlung zu intensivieren:
    1. Einfache Wiederholung
    2. Übertreibung und Entfaltung
    3. Verdeutlichung oder Übersetzung
    4. Identifikation und Handlung.

Ich werde nacheinander auf diese vier Punkte eingehen.

### Einfache Wiederholung

Diese Methode hat den Zweck, daß Gewahr-Sein der Person gegenüber einer gegebenen Handlung oder Aussage zu verstärken. Dies kann als ein Schritt gesehen werden, der über die Tätigkeit des Therapeuten hinausgeht, lediglich widerzuspiegeln oder zu reflektieren. Das oben genannte Beispiel des Achselzuckens kann dies verdeutlichen. Manchmal kann verbale Wiederholung eine dramatische Wirkung haben, indem der Betreffende sich selbst dazu bringt, mit ganzem Herzen etwas mehr und mehr zu sehen, was er bisher herunterspielte oder nicht voll erwog oder unter einer Maske versteckte.

P:    (spricht zu ihrer Mutter) *Ich will überhaupt nichts mehr von dir. Ich will bloß, daß du von uns wegbleibst. Dräng dich uns nicht auf. Ich bin nicht mehr deine Tochter. Ich war es eigentlich nie wirklich. Du hast mich nie verstanden. Mich ärgert das. Du ärgerst mich, und es tut mir weh, weil du mich nicht verstehst. Du siehst mich nicht. Ich hätte es so gern, daß du mich siehst.*

Th:   *Wiederhol das.*

P:    *Ich möchte, daß du mich siehst, Mutter. Sieh mich. Hier bin ich für dich, damit du mich siehst. Ich möchte, daß du mich sehen kannst. Schau nicht weg. Mach keine Theorien über mich. D a s  h i e r  bin ich. Nimm mich, wie ich bin: nicht mehr und nicht weniger. Kannst du mich  s e h e n ?*

Th:   *Kann sie es?*

P:    *Ich glaube, sie kann's.* (überläßt sich ihren Tränen)

Manchmal führt Wiederholung nicht zu einem Gefühl größerer Bedeutung; wenn die ursprüngliche Aussage dem wahren Selbst des Patienten konträr war, führt sie zu  e r h ö h t e r  B e d e u t u n g s l o s i g k e i t  und zu einer Reaktion gegen die ursprüngliche Aussage.

Die Technik der Wiederholung kann an die Gruppensituation angepaßt werden, indem die zu wiederholenden Aussagen oder Handlungen an verschiedene Teilnehmer gerichtet werden. In diesen Fällen besteht Raum für einige Variationen der Übung:

1. Genaue Wiederholung (z.B. zu jedem 'Auf Wiedersehen' sagen).
2. Genaue Wiederholung; anschließend modifiziert der Patient seine Aussage so, daß sie auf das betreffende Gruppenmitglied paßt.
3. Wiederholung des  I n h a l t s , wobei die Form der Aussage jeder Person angepaßt wird.
4. Wiederholung der  E i n s t e l l u n g  mit einer Änderung des In-

halts (zum Beispiel : Ich drücke Ärger aus, und zwar auf eine
Weise, wie sie mir für das jeweilige Gegenüber passend erscheint).

Wie bei anderen Techniken können hier keine Wunder erwartet werden;
wenn sie jedoch mit der richtigen Einstellung angewandt wird, bietet sie
die Gelegenheit, etwas Neues zu entdecken. Es ist Sache des Therapeuten,
die Vorgehensweise zu überblicken und den einzelnen davor zu bewahren,
in eine mechanische Prozedur, eine Show oder eine Vermeidungshaltung
zu rutschen. Wenn einer dazu angeregt wird, sich seiner Gefühle und Handlungen gewahr zu bleiben, geschieht wahrscheinlich etwas Wirkliches.

### Übertreibung und Entfaltung

Übertreibung führt einen Schritt weiter als die einfache Widerholung und
geschieht oft spontan, wenn jemand dazu aufgefordert wird, etwas Be-
stimmtes einige Male zu tun oder zu sagen. Eine Geste wird ausladender
oder genauer, eine Aussage wird lauter oder mehr zum Flüstern, wodurch
das intensiver zum Ausdruck kommt, was immer der ursprüngliche Ge-
fühlston war.

Wenn jemand aufgefordert wird zur Übertreibung und dies einige Male tut,
mag er etwas Neues dabei entdecken; vielleicht nicht eine völlig neue Qualität, aber doch etwas, das wie ein unsichtbarer Same in seinem ursprüng-
lichen Verhalten lag und das nur Übertreibung offenlegen konnte.

Im folgenden Beispiel (das ich nach mehreren Jahren rekonstruiere) spielt
Fritz Perls die Rolle des Therapeuten, während ich der Patient bin.

Th:  *Ich habe dir ein Geschenk mitgebracht. Hier.* (bringt eine Schale mit
     Sand)
P:   (nimmt die Schale)
Th:  *Iß ihn.*
P:   *Ich bin verdutzt. Ich weiß nicht, ob du wirklich willst, daß ich ihn
     esse, oder ob da eine Botschaft ist, die ich nicht mitbekomme.*
Th:  *Iß ihn.*
P:   (nimmt ein bißchen Sand zwischen zwei Finger und steckt ihn in

seinen Mund)

Th: *Was machst du für eine Erfahrung?*

P: *Ich fühle die Sandkörner in meinem Mund und zwischen meinen Zähnen, und ich höre das Geräusch der Körner, wenn ich sie kaue. Ich merke, daß mehr und mehr Spucke in meinen Mund kommt, und ich spüre den Wunsch, den Sand loszuwerden. Ich fange an, einige Körner auszuspucken, aber sie kleben immer noch an meiner Zunge. Ich nehme meine Zunge zwischen die Finger, um sie sauber zu machen — jetzt klebt der Sand an meinen Fingern. Ich reibe meine Finger aneinander — während ich weiter spucke.*

Th: *Übertreib das.*

P: *Ich reibe meine Hände aneinander und an meinen Hosen und werfe weiter den Sand weg, werfe ihn weg, weg, weg!* (mit ausladenden Bewegungen der Arme und Hände) *Ja. − Das ist es, was ich fühle. − Ich habe zuviel heruntergeschluckt, was nichts mit mir zu tun hatte. Jetzt werde ich dich loswerden. Hinaus aus mir! Dank dir sehr für deinen Sand!*

Übertreibung ist eine Form, eine Tätigkeit zu entfalten, aber ihre Entfaltung enthält nicht immer eine Übertreibung. Manchmal — wenn wir durch Wiederholung bei der Handlung oder der Aussage bleiben — wird diese Betonung dazu führen, daß wir die entsprechende Handlung verändern, und zwar so, daß eine Bewegung zur nächsten führt, ein Gefühl oder Gedanke zum anderen. Die Anweisung „Führ das weiter aus" lädt den Patienten dazu ein, die Richtung seiner Bewegung, seiner Geste, Haltung, Stimmlage oder seines visuellen Bildes zu erforschen. Auf diese Weise kann der Drang, der in einer flüchtigen Handlung nur undeutlich zum Ausdruck kam, sich vielleicht zu einem Tanz, einem Musikstück oder zur Poesie entwickeln.

P: *Ich habe kein besonderes Gefühl. Ich weiß nicht, wozu ich meine körperlichen Gefühle aufzählen soll...*

Th: *Bitte sprich mit derselben Stimme weiter, aber ohne Worte.*

P: *Da da da da da da da da da da da* (mit einem Ausdruck von Hoffnungslosigkeit)

Th: *Übertreib diesen Ausdruck in deiner Stimme.*

P: (macht weiter, dieses Mal mit offensichtlicher Traurigkeit)

Th: *Noch mehr. Übertreib es und schau, was sich entwickelt.*

P: (seine Stimme wird zu einer traurigen und majestätischen Melodie −

sie wird mächtiger) *Das ist es, was ich mein ganzes Leben lang tun wollte. Singen!* (unter Tränen) *Das war wirklich i c h , mehr als alle meine Worte! Wie wunderbar! Ich will gar nicht aufhören.!* (singt weiter)

### Verdeutlichung oder Übersetzung

Ich gebe den Namen „Verdeutlichung" einer der ursprünglichsten Techniken der Gestalttherapie, die der Therapeut im allgemeinen einleitet mit: „Gib deinem Nicken Worte" - „Wenn deine Tränen sprechen könnten: Was würden sie sagen? - „ Gib deiner Einsamkeit eine Stimme". Dabei wird der Patient dazu gedrängt, ein Stück nonverbalen Ausdrucks in Worte zu übersetzen — eine Geste, ein visuelles Bild, ein körperliches Symptom usw. — und er ist dadurch gefordert, einen Inhalt explizit zu machen, der nur implizit vorhanden war.

Th: *Was hast du zu Martha zu sagen?*
P: (mit einer sehr toten Stimme) *Ich habe dir nicht viel zu sagen. Ich mag deinen Ausdruck und was du heute gesagt hast, aber ich habe ein bißchen Angst vor dir...*
Th: *Sprich zu ihr in Kauderwelsch.*
P: (wird sehr angeregt, während er dies tut, lehnt sich nach vorn, lächelt und gestikuliert mit den Händen)
Th: *Jetzt übersetz das in richtige Worte.*
P: *Martha, du bist nett; ich würde dich gern streicheln, dich küssen, für dich sorgen. Ich habe sehr zärtliche Gefühle für dich. Du bist wie eine schöne Blume, und ich möchte immer gern in deiner Nähe sein.*

Im Prozeß der Verdeutlichung muß sich der Patient notwendigerweise in den Aspekt seines Selbst oder seiner Wahrnehmung einfühlen, den er in Worte zu fassen versucht. Er muß das Ereignis sozusagen mehr von innen erfahren, denn als ein Zuschauer von außen: Das Ergebnis kann überraschen, wenn dies auf die Wahrnehmung von Menschen oder Traumbildern — beides Leinwände für unsere Projektionen — angewandt wird. In diesen Fällen kann das projizierte Phantom wachsen und in seiner phantastischen Qualität deutlich werden; oder umgekehrt: Eine echte Wahrnehmung kann ans Licht kommen, die durch eine Projektion überdeckt war:

P: *Ich haßte ihn. Und ich hasse ihn immer noch. Er war ein widerlich geiler alter Mann. Es hat ihm immer Spaß gemacht, mich zu berühren und zu küssen, und ich hatte solche Angst vor ihm...*

Th: *Laß ihn sprechen. Stell dir vor, was er gesagt hätte, wenn er mit völliger Ehrlichkeit über seine Gefühle hätte reden können.*

P: *Er hätte gesagt: „Du bist ein schönes kleines Mädchen. Du bist so, wie ein kleines Mädchen sein sollte: so gesund, so rein! Es ist, als wenn ich frisches Wasser mitten in der Wüste trinke. Ich fühle mich so einsam und vom Leben abgeschnitten, und all meine Einsamkeit ist fort, wenn ich mit dir zusammen bin."*

Th: *Wie fühlst du dich jetzt ihm gegenüber?*

P: *Ich habe Mitleid. Ich wünschte, ich wäre nicht so gemein zu ihm gewesen. Es gab nichts, wovor ich hätte Angst haben müssen.*

Der Prozeß der Verdeutlichung führt zu dem gewünschten Resultat der Interpretation durch einen völlig anderen Ansatz. Zunächst ist wichtig, daß nicht der Therapeut dem Patienten die vermutete „Bedeutung" seiner Handlung, seiner Gesten und seiner Stimme erklärt, sondern daß der Patient gedrängt ist, mit seiner Botschaft selbst i n K o n t a k t zu kommen. Zweitens liegt hier der große Unterschied zwischen dem „Denken über" einen Verhaltensaspekt oder ein Symbol einerseits und der Einfühlung darin andererseits.

Im ersten Schritt der Verdeutlichung wird der Gefühlsinhalt der Handlung e r f a h r e n , der verdeutlicht werden soll. Der zweite Schritt besteht darin, diesen Inhalt in das alternative Medium der Worte zu übersetzen. Dies ist ein ähnlicher Prozeß, wie wir ihn aus der Poesie oder aus den figurativen visuellen Künsten kennen. Zu versuchen zu zeichnen, bedeutet zum Beispiel vor allem, sehen zu lernen.

Dieser Prozeß, mit einer Erfahrung in Kontakt zu kommen und sie dann in Worten auszudrücken, kann als ein weiterer Fall der Übertreibung und Entfaltung einer ausdrucksorientierten Tätigkeit gesehen werden. Der Unterschied liegt darin, daß bei der Verdeutlichung die Entfaltung nicht innerhalb eines einzigen Erfahrungsbereiches (Bewegung, Stimme, Worte) bleibt, sondern von einem in einen anderen fließt.

Wenn eine (bisher als solche unsichtbare) Botschaft von Handlungen, Tönen oder Bildern in Worte übersetzt wird, verdient dieser Prozeß zu Recht
die Bezeichnung „Verdeutlichung", da die motorisch visuelle Aktivität
normalerweise unseren automatischen und unbewußten Prozessen näher
ist, während das verbale oder konzeptuelle einem „sekundären Prozeß"
verbunden ist, der Teil einer wachen Aktivität ist. Der Prozeß der Übersetzung braucht jedoch nicht von Handlung zu Worten zu führen, um lediglich dem allgemeinen Ziel der Vergrößerung zu dienen:

Th: *Was fühlst du jetzt?*
P: *Ich fühle mich unruhig. Ich bin ungeduldig mit mir selbst, weil ich*
   *nichts Wichtiges bringe. Und ich bin mir der Gruppe sehr gewahr —*
   *eine gefangene Zuhörerschaft.*
Th: *Ich sehe, daß du mit dem linken Fuß aufstampfst.*
P: (übertreibt die Bewegung) *Ja.*
Th: *Jetzt tu mit deinem ganzen Körper, was der Fuß tut.*
P: (entfaltet die Bewegung allmählich, bis er schließlich mit beiden
   Füßen heftig aufstampft, während er mit seinen Handflächen auf
   die Schenkel schlägt und seine Zähne zeigt)
Th: *Mach auch ein paar Töne.*
P: *Ah! Ah! Ahh!* (heftiges Ausatmen, nach dem er seinen Kehlkopf
   verschließt — daraus wird mehr und mehr Gelächter)
Th: *Jetzt t u etwas mit derselben Einstellung.*
P: (zieht die Arme von einem Gruppenmitglied auseinander und richtet dessen Haltung auf) *Wach auf, Mann!* (geht herum, stampft mit
   seinen Füßen und bewegt Arme und Hände so, als ob er Aufstehen
   zeigen wollte) *Wacht alle auf! Laß uns weggehen von diesem kran-*
   *ken, dunklen Platz!* (macht die Tür auf und schiebt jemanden aus
   dem Zimmer) *Oder i h r geht raus. Ich werde dieses Haus säubern*
   *und all euren Scheißdreck wegschmeißen.* (zieht jemanden am Arm)
   *Seid sauber und glücklich oder haut hier ab!*

### Identifikation und Handlung

Handlung ist ein wichtiger Teil der Gestalttherapie und zwar sowohl im
äußerlichen Sinn — durch die Bewegungen zu gehen, die zu einer gegebe-

nen Rolle passen – als auch im inneren Sinn – sich selbst als einen anderen zu erfahren oder sich vorzustellen, daß man über die Eigenschaften und Handlungsweisen anderer Wesen oder Dinge verfügt.

Handlung kann – soweit sie einer Idee, einem Gefühl oder einem Bild motorischen Ausdruck verschafft – als weiteres Beispiel für die Übersetzung einer Ausdrucksform in eine andere gesehen werden. Es ist eigentlich die Umkehrung der Verdeutlichung: Während wir bei der Verdeutlichung unseren Bewegungen Worte geben, fügen wir in der Handlung einem Gedanken Bewegungen hinzu. Handeln kann deshalb als eine weitere Möglichkeit gesehen werden, Ausdruck zu vervollständigen oder zu ergänzen. Das Privatverhalten, das wir „Denken" nennen, könnte man als unvollständige oder symbolische Handlung sehen. Wenn wir es verkörpern oder es in das Medium von Fleisch und Blut hineintragen, führen wir die Handlung zu ihrer vollen Ausdrucksstärke. Dasselbe kann von Antizipation und Erinnerung gesagt werden. Wenn der Gestalttherapeut einen Patienten auffordert, seine Erinnerungen oder Erwartungen auszuagieren, so ist das nichts anderes, als wenn er ihn auffordert, eine Handlung körperlich zu vollziehen, die er – manchmal häufig wiederholt – in der Phantasie ausführt. Dabei kann der Patient entdecken, daß er an dieser speziellen Erinnerung oder Phantasie deshalb hängt, weil sie so „unerledigt" ist, d.h., daß er seinen Wunsch zu handeln, chronisch verhinderte und durch halbherziges Proben ersetzte.

Neben dem Prinzip der Vervollständigung gibt es noch eine andere Bedeutungsebene, auf der Handlung die Einstellung der Gestalttherapie zum Ausdruck bringt. In einem inneren Sinn schließt Handeln einen Prozeß der Identifikation ein, nämlich mit dem Teil eins zu werden, den wir ausagieren bzw. „seine" Erfahrung als unsere eigene zu erkennen. Die Anweisung: „Sei er" oder: „Sei deine Hand" - „Sei deine Stimme" etc. führt einen Schritt über die Einfühlung hinaus, die in der Verdeutlichung gefordert wird. Zwischen dem „Gib der Heulsuse in dir eine Stimme" und dem „Sei die Heulsuse" liegt ein Unterschied im Maß der Identifikation mit uns als dem Handelnden. Die Aufgabe wird wahrscheinlich schwieriger für den Patienten, wenn es darauf ankommt, sich mit einer unangenehmen Seite seiner selbst zu identifizieren, die er doch hartnäckig loszuwerden versucht. Auf der anderen Seite wird er in dem Ausmaß, in dem er tätig ist, sich mit allen seinen guten oder schlechten Seiten zu identifizieren, auch Verantwortung für sich selbst übernehmen.

Identifikation und Handlung verkürzen nicht nur die Entfernung zwischen dem Ich und seinen Prozessen, sondern sind auch wesentliche Wege zum Gewahr-Sein. Wir können Wissen eher dadurch erlangen, daß wir „etwas" oder „jemand"  s i n d , als wenn wir über „es" oder „ihn" nachdenken. Handlung verlangt mehr als jede andere Aufgabe das ganzheitliche Verständnis, das die Funktion der Intuition ist. Spezifisch für die Anwendung des Handelns in der Gestalttherapie ist jedoch, daß die Anweisung hinter jeder Frage eine Variation der Aufforderung ist: „Sei der, der du bist". Szenen und Charaktere sind nicht die Götter eines religiösen Rituals oder die Schöpfungen eines klassischen Autors, sondern Aspekte unseres eigenen Lebens, die wir leicht als zufällig oder trivial oder bedeutungslos abtun: eine bevorzugte Redewendung, eine Geste, eine Phantasie.

Handlung wird in der Gestalttherapie hauptsächlich dort verwendet, wo wir Träume aufführen, Erwartungen an die Zukunft (die hinter den meisten wirklichen Lebensschwierigkeiten liegen) ausagieren, die Vergangenheit wieder gegenwärtig machen und die verschiedenen Teile spielen, die in der Persönlichkeit im Konflikt miteinander stehen. Ich werde den Ansatz der Gestalttherapie gegenüber Träumen, gegenüber der Vergangenheit und Zukunft in „The Attitude and Practice of Gestalt Therapy" darstellen (die Arbeit ist in Vorbereitung) und deshalb hier nur über das Ausagieren von Persönlichkeitszügen sprechen.

Einige der dramatischsten Augenblicke einer Gestalttherapie-Sitzung sind die, in denen der Patient die Rollen der verschiedenen Seiten seiner Persönlichkeit übernimmt, die nicht integriert sind oder Teilaspekte des Selbst darstellen, die miteinander in Konflikt stehen: den guten Jungen und den boshaften Lümmel, den brutalen Kerl und den Menschenfreund, den liebevoll Sorgenden und den Selbstsüchtigen, den Männlichen und den Weiblichen, den Aktiven und den Passiven, Elternteil und Kind, Topdog und Underdog und so weiter.

Meiner Meinung nach besteht die Kunst eines Therapeuten zum großen Teil in seiner Fähigkeit, dem Patienten die Schlüsselrollen zu zeigen, die er durch Schauspielern erforschen kann, was — wie alles in der Gestalttherapie — ein Feingefühl für den Augenblick verlangt. Die Annahme oder das

Wissen, daß beispielsweise fast jeder sich außergewöhnlich fühlen möchte, reicht nicht aus, um einer bestimmten Person zu sagen: „Sei besonders" oder: „Handle ungewöhnlich". Damit ein solches Rollenspiel erfolgreich sein kann, muß der Patient mit diesem Bereich seiner Psyche Schritt für Schritt in Kontakt gekommen sein, so daß „besonderes" Handeln einen organischen Prozeß während der Sitzung krönt.

Hier sind einige der Schlüssel, die dem Therapeuten erschließen können, daß eine für die Darstellung geeignete Einstellung vorliegt:

**Psychologische Symptome, wie Angst, Schuld, Scham —**
Bei der Angst sind meistens inbegriffen:
> das vorgestellte Urteil oder die vorgestellte Reaktion eines anderen (wie beim Lampenfieber); dieser andere kann als Thema des Rollenspiels ausgewählt werden, wodurch der Spieler schließlich erkennt, daß er es hier mit seiner eigenen Einstellung sich selbst gegenüber zu tun hat; oder
> eine katastrophische Vorstellung der Zukunft, die in ähnlicher Weise ausagiert werden kann, also Versagen, Schande, Tod etc.

Bei Schuld liegt immer eine Selbstanklage oder eine projizierte Selbstanklage vor, die ähnlich dramatisiert werden kann, indem man zuerst den Schuldigen und dann den Ankläger voll ausspielt. In beiden Fällen können andere Gruppenteilnehmer als Zielscheibe benutzt werden, indem man sie als Richter oder Underdog betrachtet.

Das Gefühl der Scham oder der Verlegenheit — also das Gefühl, ausgesetzt zu sein — impliziert ebenfalls einen Zuschauer oder einen beurteilenden Zeugen; diese Einstellungen können näher untersucht werden, indem man den Zuschauer oder den beurteilenden Zeugen ausagiert.

**Konflikte —**
Sogar winzig kleine Konflikte — zum Beispiel: Lächeln oder nicht; den Therapeuten anschauen oder nicht etc. — sind gewöhnlich Ausdruck einer größeren Spaltung, als das in der spezifischen Handlung, um die es jeweils geht, offensichtlich wird. Wenn der Patient beide Alternativen in diesem Konflikt augenblicklich verdeutlicht oder übertreibt, findet er mit großer Wahrscheinlichkeit zwei breite Aspekte seiner psychologischen Struktur.

**Übertreibung und Umkehrung —**
Die Vergrößerung buchstäblich jeden Gefühls oder jeder Ausdruckshandlung — also einer Geste, Haltung, Stimmgebung, verbalen Aussage — kann schnell eine weitreichende Einstellung offenlegen, die es wert ist, durch Darstellung weiter untersucht zu werden. Sobald sie umrissen ist, kann die gegenteilige Einstellung ebenfalls erforscht werden.

**Diskrepanz zwischen verbalem und nonverbalem Ausdruck -**
Sie kann den Weg anzeigen, um eine andere Spaltung näher zu betrachten. Ein Patient erzählte zum Beispiel, daß er Angst habe und zittere, während seine Stimme, seine Haltung und sein Gebaren jedoch große Gelassenheit und Sicherheit verrieten. Ich forderte ihn auf, alternativ ganz offen ängstlich und gelassen zu handeln und in beiden Fallen das verbale und nonverbale Verhalten einander anzupassen. Er entdeckte bald, daß er immer gelassen s p i e l t e , daß er sich nicht frei fühlte, seine Schwäche zu zeigen und daß er die Zwanghaftigkeit eines Topdog besaß, der immer Herr der Situation usw. sein muß. In einem anderen Fall sprach ein Patient ruhig und gesammelt, berichtete von angenehmen Gefühlen, während er sich zugleich auf seinem Stuhl hin- und herwand und seine schwitzenden Hände rieb. Ein ähnlicher Hinweis wie der oben genannte — nämlich alternativ jemand zu sein, der ängstlich ist und der sich „gut fühlt" — öffnete ihm den Blick für seine eigene Heuchelei und für die Tatsache, daß er nicht nur dann „cool" spielte, wenn er dazu aufgefordert wurde, sondern immer.

**Gesamtes Verhalten —**
Manchmal mag sich der Therapeut der Rolle eines Patienten durch dessen gesamtes Verhalten und nicht durch einen präzisen Schlüssel gewahr werden. Wenn das von ihm geahnte Spiel ein subtiles ist, wird er sich auf seine Intuition verlassen, um die verhaltensmäßige Gestalt zu verstehen. Wenn er seine Beobachtung überprüft hat (zum Beispiel durch die Aussage:„Du scheinst unschuldig zu spielen" oder:„Ich glaube, du willst ins Scheinwerferlicht") und wenn diese Beobachtung vom Patienten bestätigt wurde, dann kann er einen Schritt weitergehen und die Übertreibung und das Ausagieren der bedeutungsvollen Charakterzüge vorschlagen.

## DIE FRAGE DER DIREKTHEIT

### Untertreibung

Selbstausdruck wird oft durch Handlungen wie Untertreibung, Verallgemeinerung, Unbestimmtheit etc. abgeschwächt. In solchen Fällen führt erhöhte Direktheit dazu, daß die verbale Botschaft des Betreffenden lauter vernehmbar wird:

P: *Ich fühle mich etwas müde und ein bißchen gelangweilt. Vielleicht bin ich auch ein bißchen ärgerlich auf dich. Es könnte sein, daß es mir im Moment nicht sonderlich viel Spaß macht, hier zu sein...*

Th: *Ich merke, daß du viele abschwächende Ausdrücke benutzt: „etwas müde", „ein bißchen dies oder jenes", „vielleicht", „es könnte sein" und so weiter.*

P: *Ich glaube, du hast recht.*

Th: *(ironisch) Du „glaubst", daß es vielleicht stimmen könnte?*

P: *Ja. Ich benutze eine Menge abschwächender Worte. Es ist ... so etwas wie eine Gewohnheit.*

Th: *„So etwas wie".*

P: *Es ist eine Gewohnheit.*

Th: *Bitte erzähle uns noch einmal von deinen Gefühlen und laß diesmal die Vielleicht und Eventuell weg. Könntest du das, was du vor einer Weile gesagt hast, so verändert wiederholen?*

P: *Ich fühle mich müde. Ja, das stimmt. Und ich fühle mich verärgert und gelangweilt. Ich würde lieber ins Bett gehen, als hier zu sein. Nein, ich würde es nicht lieber: Ich möchte mich sehr gern ausruhen und bin trotzdem interessiert genug, um zu bleiben.*

Eine häufige Quelle der Untertreibung steht mit der Konjunktion „aber" in Beziehung; deshalb kann man dieses Wort als Signal auffassen, sobald es auftaucht. Neben gültigen Bedeutungen, die die Existenz dieses Wortes in unserer Sprache erforderlich machen, wird „aber" nur allzuoft dafür benutzt, eine Aussage zu disqualifizieren oder etwas von ihrem Gewicht oder ihrer Gültigkeit zu nehmen. „Aber" ist auf jeden Fall ein hörbares Spiegelbild eines Konflikts. „Ja, aber..." - „Ich würde das gern tun, aber..." - „Ich mag dich, aber ..." Durch diese Zweideutigkeit vermeidet der Betreffende die Entscheidung für eine Seite oder das volle Spüren der einen oder anderen Hälfte seiner Aussage — jede Hälfte entkräftet die andere. Neben den Hinweisen, die ihm der Therapeut an diesem Punkt geben mag — also sich auf eine Seite zu schlagen oder beide Seiten zu übertreiben — wird er ihn manchmal auffordern, auf das Wort „aber" zu verzichten und es durch das Wort „und" zu ersetzen.

P:  *Ich halte mich von dir zurück, aber ich mag deinen Frieden.*
Th: *Probiere „und" aus anstelle von „aber".*
P:  *Ich halte mich von dir zurück, und ich genieße deinen  Frieden.*
    *Klar! Das stimmt viel mehr.*


## Es

Eine andere Redewendung, die eng mit dem Thema der Direktheit zusammenhängt, ist der Gebrauch des Wortes „Es" anstelle eines spezifischen Inhalts.

P:  *Er wollte, daß wir etwas tun, dem ich nicht zustimmen konnte. Und er hat so sehr darauf bestanden, daß es das Thema endloser Streitereien zwischen uns wurde...*
Th: *Könntest du uns sagen, was e s ist?*
P:  (lange Pause) *Er wollte, daß wir einen psychedelischen Trip machen.*

Oft ist die eigentliche Bedeutung, die durch „es" ersetzt wird, „ich" oder „du". „Es" wirkt hier als Puffer, um die Direktheit einer Begegnung zu dämpfen.

*Es ist meine Hand, die diese Bewegung macht...*
*Macht „es" diese Bewegung?*
*Ich bewege meine Hand so... und jetzt kommt mir der Gedanke...*
*Der Gedanke „kommt" zu dir?*
*Ich habe den Gedanken.*
*Du „hast" ihn?*
*Ich denke. Ja, ich denke, daß ich „es" sehr viel gebrauche, und ich bin froh, denn ich merke es, und kann es deshalb alles zu mir zu-*

*rückholen.*
*„Es" zurückholen?*
*Mich selbst zurückholen. Ich bin dankbar dafür.*
*„Dafür"?*
*Über deine Idee mit dem „es".*
*Über „meine Idee"?*
*Ich bin dir dankbar.*

Perls hat als erster in „Ego, Hunger and Aggression" vorgeschlagen, „ich"
statt „es" zu benutzen, und er hat diesem scheinbar oberflächlichen
Sprachdetail große Bedeutung beigemessen. Er sagt in der oben erwähnten
Arbeit:
„Jedesmal, wenn du die richtige Sprache des Ego anwendest, um dich zum
Ausdruck zu bringen, hilfst du der Entwicklung deiner Persönlichkeit."
Ich ziehe es jedoch vor — wie bei vielen Techniken — auch hier dies als
eine nützliche Unterstützung anzusehen; ihr Wert wird dadurch bestimmt,
wie sehr ihr Gebrauch dem Augenblick angemessen ist. Ich habe Therapeuten auf Worten herumhacken und damit wenig erreichen sehen, da dies an-
scheinend für den Moment falsch war. Ich bin persönlich dazu bereit, viele
„es" durchgehen zu lassen, wenn die Umformulierung ein Gefühl unterbrechen, die Konzentration auf ein Bild stören, den Patienten davon ablenken
würde, sich mit einem Teil seines Traumes zu identifizieren usw.

„Ich" zu vermeiden läuft nicht immer parallel mit der Einführung eines
„Es". Hier sind einige andere Möglichkeiten:

P:      *Wir sind alle nervös, und ich glaube nicht, daß wir das, was vor sich*
        *geht, besonders mögen.*
P(2):   *Sprich für dich selbst.*
P:      *Ja, ich bin nervös...*
In diesem Fall dient „wir" als der Wald, der den Baum versteckt und
schließt die mangelnde Bereitschaft ein, die Verantwortung für eine Erfah-
rung zu übernehmen.

Ein anderer Schutzschirm ist „man".
*Man hat Schwierigkeiten, das zu tun.*
*„Man"?*
*Ich habe Schwierigkeiten, mich vor euch auszudrücken.*

Unpersönliche Aussagen kommen häufig vor und gelten als wissenschaft-
lich:

P: *Ich sehe deine Augen, die mich anschauen... Da ist Schweiß an meinen Händen... und da ist ein Zittern in meiner Stimme... Da ist
Angst...*

Th: *Deine Redeweise ist die eines sehr distanzierten Beobachters. „Da
ist" dies oder jenes, nie: „Ich habe Angst" oder: „Meine Stimme zit-
tert".*

P: *Ja, das stimmt völlig. Das ist das, was ich mir am meisten wünsche:
fähig zu sein, „ich" zu sagen.*

### Retroflexionen

Ein Beispiel für Indirektheit ist die Retroflexion, deren Auflösung eine
spezifische Technik der Gestalttherapie ist: also einen Impuls neu auszu-
richten, der so fehlgeleitet wurde, daß er — anstatt das beabsichtigte Objekt zu treffen — auf den Handelnden selbst zurückfällt.

Perls hat Retroflexion das Verhalten genannt, bei dem ein Mensch „sich
selbst antut, was er ursprünglich anderen Personen oder Objekten antat
oder es versuchte". Anstatt so zu handeln, daß sich seine Energien auf die
Umwelt richten, was seine Bedürfnisse befriedigen würde, „dirigiert er
Aktivität nach innen und setzt sich selbst als Zielscheibe des Verhaltens".
In dem Ausmaß, in dem er dies tut, spaltet er seine Persönlichkeit in einen
Handelnden und einen Behandelten.

Retroflexion ist eine Konsequenz von Umweltbedingungen, die den Ausdruck von Impulsen verhindern und zu aktiver Zurückhaltung aufseiten
des Betreffenden führen. In der Zurückhaltung tut der Mensch sich selbst
an, was ihm ursprünglich von der Umwelt (die er introjiziert) angetan wurde. Und er benutzt (retroflektiert) für diese Aktivität die Energie seiner eigenen Impulse.

Retroflexion kann nach Perls sehr funktionsgerecht sein: „Verfallt nicht
der Schlußfolgerung, wir meinten, daß es schön wäre, wenn wir alle ohne

weiteres unsere Hemmungen fahren lassen könnten! In manchen Situationen ist es notwendig, sogar lebensrettend, sich zurückzuhalten — zum Beispiel sich zurückzuhalten, Wasser einzuatmen. Die richtige Frage ist, ob jemand vernünftige Gründe hat oder nicht, unter gewissen Umständen sein Verhalten im Augenblick zu bremsen."

Viele unserer Retroflexionen sind jedoch nicht funktionsgerecht und unbewußt. Für Perls ist die Repression eine „vergessene" Retroflexion.

Ich glaube, daß das Konzept der Retroflexion für den Psychotherapeuten besonders wertvoll ist, denn es lenkt seine Aufmerksamkeit auf den aktiven Aspekt der Depression und der Hemmung. Wie Perls gesagt hat:
„... die Psychoanalyse hat betont, sich dessen wieder gewahr zu werden, was unterdrückt ist, d.h. des blockierten Impulses. Wir betonen andererseits, das Gewahr-Sein des Blockierens selbst aufzudecken, des Gefühls, daß man es tut und wie man es tut. Sobald jemand seine retroflektierende Tätigkeit erkennt und wieder die Kontrolle darüber gewinnt, kommt der blockierte Impuls automatisch zum Vorschein... Der große Vorteil, mit dem retroflektierten Teil der Persönlichkeit — dem aktiv unterdrückenden Aspekt — umzugehen, liegt darin, daß dieser in ziemlicher Reichweite des Gewahr-Seins liegt, direkt erfahren werden kann und nicht von spekulativen Interpretationen abhängt."

Der Inhalt der Retroflexionen mag variieren und dementsprechend auch das Ergebnis: Selbsthaß, Selbstmitleid, gierige Selbsterpressung usw. Sogar die Introspektion wird von Perls als retroflektive Selbstbeschau angesehen:
„Diese Form der Retroflexion ist so gängig in unserer Kultur, daß die psychologische Literatur es häufig einfach für selbstverständlich hält, daß jeder Versuch, Eigen-Gewahr-Sein zu steigern, notwendigerweise Introspektion sein muß... Der Beobachter ist vom beobachteten Teil abgespalten, und erst, wenn diese Spaltung geheilt ist, wird eine Person ganz erkennen, daß Eigen-Gewahr-Sein, das keine Introspektion darstellt, möglich ist. Wir haben weiter oben echtes Gewahr-Sein mit der Glut verglichen, die in der brennenden Kohle durch ihre Verbrennung entsteht, und wir verglichen die Introspektion damit, den Strahl eines Blitzlichtes auf ein Objekt zu richten und seine Oberfläche mit Hilfe der reflektierten Strahlen anzuschauen."

Ich glaube, daß die in der Psychotherapie am häufigsten auftauchende Art der Retroflexion die der Aggression ist. Ebenso, wie Aggression anderen gegenüber eine Projektion der Aggression sich selbst gegenüber sein kann, kann auch Eigenaggression die Retroflexion eines Impulses sein, der sich ursprünglich auf andere richtete. So kann man Ärger in Selbstanklagen und Schuldgefühle verdrehen, Sarkasmus in ein Gefühl der Lächerlichkeit, Haß in das Gefühl, keine Existenzberechtigung zu haben usw. Allgemein gesagt, wird aus retroflektierter Aggression eine Depression, wie die Psychoanalyse schon seit langem festgestellt hat.

Ob das Gefühl eines Menschen sich selbst gegenüber eine Retroflexion ist oder nicht, wird in der Gestalttherapie nicht durch Interpretationen, sondern durch Experimente überprüft. Wenn ein Patient aufgefordert wird, einem anderen das anzutun, was er sich selbst antut, kann er herausfinden, ob er genau dies eigentlich tun wollte und dadurch — wenn dies der Fall war — mehr Direktheit im Ausdruck zurückgewinnen.

Der Vorschlag, eine Retroflexion umzukehren, stößt oft auf beträchtliche Angst und Scham — oder auf Schuldgefühle; wenn die Retroflexion schließlich aufgelöst ist, kann dies zu sozial unangemessenem oder kindischem Verhalten führen. Dies ist dann jedoch einer der Fälle, in denen das Ausagieren dem Patienten schnell helfen kann, das Unterdrückte zu erkennen und den entsprechenden Impuls umzuorientieren.

Perls gibt uns folgendes Beispiel:
„Ein religiöser Mensch zum Beispiel, der unfähig ist, seine Wut und Enttäuschung über Gott herauszulassen, schlägt sich selbst auf die Brust und rauft sich die Haare. Derartige Selbstaggression — offensichtlich eine Retroflexion — ist dennoch eine Aggression und befriedigt den retroflektierenden Teil der Persönlichkeit tatsächlich. Es ist grobe, primitive, undifferenzierte Aggression — ein retroflektierter, kindischer Wutausbruch — aber der angegriffene Teil der Persönlichkeit ist immer gegenwärtig und steht dem Angriff zur Verfügung. Selbstaggression kann sich ihres Opfers immer sicher sein.
Eine solche Retroflexion mit einem Schlag umzukehren, würde bedeuten, daß der betreffende Mensch dann andere in der gleichen unwirksamen und archaischen Weise angreifen würde. Er würde dieselbe überwältigende Gegenaggression auslösen, die ihn zuallererst dazu brachte, zu retroflektieren.

Dies zu erkennen, macht sogar schon die Möglichkeit, Retroflexionen umzukehren, so angsterregend. Dabei wird übersehen, daß die Änderung in kleinen Schritten vollzogen werden kann. Zu Beginn kann man die Tatsache entdecken und akzeptieren, daß der Betreffende „es gegen sich selbst wendet". Er kann sich der Emotionen des retroflektierenden Teils seiner Persönlichkeit gewahr werden — vor allem der grimmigen Freude, die er gewinnt, wenn er sich selbst Strafen auferlegt. Wenn ihm dies gelingt, hat er bereits einen beträchtlichen Fortschritt gemacht; denn Rachsucht wird sozial so mißachtet, daß es höchst schwierig ist, sie anzuerkennen und zu akzeptieren, sogar wenn man andere vermeintlich davon ausspart und sie ausschließlich gegen sich selbst richtet. Nur wenn sie akzeptiert wird, d.h. wenn sie als bestehende, dynamische Komponente der eigenen Persönlichkeitsstruktur anerkannt wird, hat man die Möglichkeit, sie in einen gesunden Ausdruck umzuformen, sie zu differenzieren und umzuleiten. Wenn die eigene Orientierung in der Umwelt sich verbessert, wenn das Gewahr-Sein dessen, was man wirklich tun will, klarer wird, wenn man Ansätze macht, begrenzte Versuche riskiert, um zu sehen, was dann passiert, entwickeln sich die eigenen Ausdruckstechniken in bezug auf die vordem blockierten Impulse ebenfalls. Sie verlieren ihren primitiven, beängstigenden Aspekt, wenn man sie differenziert und ihnen die Chance gibt, die erwachseneren Teile der Persönlichkeit einzuholen".

Der schrittweise Ansatz, auf den sich Perls bezieht, ist — genau gesagt — keine technische Angelegenheit, sondern das, was ich S t r a t e g i e nenne, das heißt eine Anordnung von Techniken im Zusammenhang einer Sitzung. Ich werde mich diesen Bereichen in „The Attitude and Practice of Gestalt Therapy" (in Vorbereitung) zuwenden.

## TECHNIKEN DER INTEGRATION

Im weiten Sinn ist jede verstärkende Technik eine Technik der Integration, wenn Sich-Ausdrücken bedeutet, das, was dissoziiert war, zurück ins Gewahr-Sein zu bringen, oder das, was der Betreffende als dissoziiertes — und deshalb unwirksames — Gedankengut, Bild oder Gefühl im Kopf hatte wieder in den Bereich von Handlung zu überführen.

Es gibt jedoch gezieltere Wege, mit denen wir in der Gestalttherapie eine Integration der Persönlichkeit vorantreiben. Manchmal wird der Therapeut ein Hilfsmittel aufzeigen, daß zu der jeweiligen Situation paßt — zum Beispiel, wenn er vorschlägt, eine Rolle zu spielen, die eine Verbindung der Elemente darstellt, die jetzt in der Psyche des Patienten im Konflikt miteinander stehen. Am allerhäufigsten jedoch ermutigt er die Integration von sich streitenden inneren Stimmen durch das Mittel der einen oder anderen Lehrweise, die ich im folgenden diskutiere, nämlich der intra-personalen Begegnung und der Assimilierung von Projektionen.

### Intra-personale Begegnung

Eine der für die Gestalttherapie typischen Techniken ist    , die Teilaspekte des Selbst        miteinander in Kontakt zu bringen, indem der Betreffende die jeweiligen Teile abwechselnd spielt und seine „Charaktere" miteinander sprechen läßt (oder in irgendeiner anderen Art miteinander in Beziehung treten läßt). Dies ist so sehr ein Teil der Gestalttherapie, daß Fritz Perls im Spaß sagte, alles, was er bräuchte, wären sein Geschick, die Mitarbeit des Patienten, Kleenex, der „heiße Stuhl" und ein leerer Stuhl. Dies deshalb, weil der Patient bei diesen inneren Dialogen dazu ermutigt wird, zwischen dem einen und dem anderen Stuhl hin- und herzuwechseln, um die Identifikation mit den sich abwechselnden Teilaspekten des Selbst wirklichkeitsnäher zu machen.

Die Idee dieser intra-personalen Begegnung ist einfach genug. Man läßt zwei oder mehr Seiten einer Person miteinander in Beziehung treten, so daß ein Dialog entsteht. Perls gab oft die Anweisung: „Entwickle einen Sketch." Auf diese Weise kann sich ein Gespräch zunehmender Tiefe und Bedeutung entwickeln — sagen wir: zwischen der guten Mutter und dem kleinen Mädchen, das Aufmerksamkeit braucht; zwischen der Zielgerichtetheit einer Person und ihrer Neigung zur Improvisation; zwischen Verstand und Herz. Wirkung und Erfolg dieser Verfahrensweise liegen jedoch in Faktoren, deren Einschätzung die Feinfühligkeit eines Therapeuten erfordert. Ich nenne einige von ihnen:

1. Eine derartige Begegnung darf nicht vorschnell stattfinden. Bevor
   der selbstsüchtige mit dem selbstlosen Joe reden kann, ist es zum
   Beispiel notwendig, daß Joe sich dieser Seiten seiner selbst bewußt genug geworden und mit ihren spezifischen Gefühlen in
   Kontakt gekommen ist.

2. Die Begegnung darf nicht zu einer intellektuellen Diskussion oder
   dem Ping-Pong-Spiel gegenseitiger Anklagen und Verteidigungs-
   reden degenerieren — der Kontakt zwischen den Teilaspekten
   des Selbst muß auf der Gefühlsebene verfolgt werden. Wenn zum
   Beispiel der Underdog dafür eintritt, ,,nicht schuldig" zu sein,
   kann der Therapeut einschreiten müssen und fragen:,,Was fühlst
   du angesichts einer solchen Anklage?"
   Der Dialog kann damit weitergehen, daß der Underdog seine
   Schamgefühle oder seine Wut zum Ausdruck bringt.

Hier sind einige Beispiele für intra-personale Begegnungen, die ich aus einer früheren Veröffentlichung entnehme:

Eine Frau erklärt, daß sie sich gern an einen Traum der letzten
Nacht erinnern würde. Sie erhält die Anweisung, den Traum zu ru-
fen, sich direkt an ihn zu wenden, und sie sagt mit sehr leiser, ein-
töniger Stimme:
*Komm, Traum, ich möchte mich an dich erinnern.*
Als ihre Aufmerksamkeit darauf gelenkt wird, daß in ihren Anrufen
Gefühl fehlt, versucht sie es mehrfach noch einmal. Dabei ist sie
fähig zu spüren, daß sie sich eigentlich gar nicht erinnern möchte.
Sie ist eher gleichgültig dem Traum gegenüber und hat sich selbst
fehlinterpretiert, als sie annahm, einen solchen Wunsch zu haben.
Sie kann jetzt sehen, daß sie den ,,guten Patienten" gespielt hat.

Eine Frau hatte einen Traum, in dem sie sich selbst durch einen
Raum krabbeln sah. Irgendjemand fragt, was sie tut, und sie antwor-
tet:
*Ich möchte eine Konfrontation mit dieser Wand haben.*
*Warum hast du sie nicht lieber mit einem Menschen?*
Sie antwortet:
*Menschen sind Wände.*

In dem Traum wurde der Mensch nicht nur durch eine Wand ersetzt, sondern die Wand selbst wurde nie erreicht und „konfrontiert". Als ihr dies in einer Sitzung gesagt wurde, tat die Frau dasselbe wie im Traum. Sie nahm dieselbe Haltung ein, kniete sich hin und beugte sich nach vorn: „Ich möchte durch dich durch, Wand". Als sie die Rolle der Wand übernahm, war ihre Antwort voll Distanz, hart und verächtlich gegenüber ihrer Milde und Fügsamkeit, ihrer Haltung und ihrer schwachen Klage. Nachdem sie mehrere Male die Rollen gewechselt hatte, stand sie auf und spielte die Wand und sich selbst, stark, aufrecht und hart, wobei sie sich zwei Wände vorstellte, die einander gegenüberstanden. Dies schien die Konfrontation zu sein, nach der sie suchte. Eine Woche später berichtete sie, daß sie zum ersten Mal fähig gewesen sei, einen Mann in derselben Haltung zu konfrontieren.

Sehr viele und vielleicht die meisten bedeutungsvollen Begegnungen sind Einzelformen einer weit verbreiteten Spaltung der Persönlichkeit, des „Ich sollte" gegenüber dem „Ich möchte". Dies mag in Form eines Dialogs mit einem vorgestellten Elternteil, mit einer entkörperten Selbstanklage, mit „Leuten im allgemeinen" etc. stattfinden, aber die so versammelte Gesellschaft erscheint immer und immer wieder in dem entscheidenden Muster, das Perls (bei seiner Neigung für eine phänomenologische Nomenklatur) anregte, sie Topdog und Underdog zu nennen:

Den Topdog kann man als rechtschaffen, brutal, hartnäckig, autoritär und primitiv beschreiben... Der Underdog entwickelt großes Geschick, den Anforderungen des Topdog zu entgehen. Da der Underdog nur mit halbem Herzem beabsichtigt, den Anforderungen nachzukommen, antwortet er: „Ja, aber..." - „Ich versuch es ja immer wieder, aber nächstes Mal werde ich es besser machen" - und :„Mañana". Der Underdog kommt in dem Konflikt gewöhnlich besser davon.
Topdog und Underdog sind — mit anderen Worten — eigentlich zwei Clowns, die ihre verrückten und unnötigen Spiele auf der Bühne des toleranten und stummen Selbst aufführen. Integration oder Heilung kann nur erreicht werden, wenn das Bedürfnis zwischen Topdog und Underdog, sich gegenseitig zu kontrollieren, aufhört. Nur dann werden die beiden Herren einander zuhören. Sobald sie zu ihren Sinnen kommen (in diesem Fall, sich zuzuhören), öffnet sich die Tür für Integration und Vereinigung. Die Chance, aus einer gespaltenen eine ganze Person zu machen, nimmt zu.

Die folgende Auseinandersetzung (die vom Patienten selbst während der therapeutischen Sitzung geschrieben wurde) führt nicht zu völliger Integration, liefert aber doch ein Beispiel für die Verfahrensweise.
Der Therapeut schlägt eine Begegnung zwischen dem Mönch und dem Animalischen in ihm vor.

M(önch): *Schrecklich, schrecklich, die Schmerzen des Fleiches.*

A(nimalisches): *Im Moment braucht's keinen Schmerz — hör der „Forelle" zu und freue dich am Sonnenschein, freu dich am Zittern, was dazu da ist, die Tür aufzumachen, Mann.*

M: *Du bringst mich dazu, mich so einsam zu fühlen, Charles.*

A: *Dank dir dafür, mich beim Namen zu nennen. Jetzt kann ich zum Ficken übergehen oder zumindest etwas fühlen, hier unten zwischen den Beinen.*

M: *Das ist ein Hund, der seinen Schwanz zwischen die Beine klemmt.*

A: *Dann sind Sie ein Hund, mein Herr!*

M: *Wie kannst du es wagen!*

A: *Jetzt benimmst du dich wie Fräulein Henriette. Greif da runter, Mann, und spür zur Abwechslung deine Eier.*

M: *Benutz nicht solch eine vulgäre Sprache.*

A: *Nur für das verurteile ich Sie zu neunzig Tagen und Nächten höchster Lust, mein Herr.*

M: *A l l e s , solange du nicht die japanische Musik spielst. (Nur die Erwähnung davon macht mich zittern bis unter die Achseln.)*

A: *Ich werde sie spielen, Mann, und zwar genau dann, wenn dieses verdammte „Forellen-Quintett" zuende ist. (Diese japanische Musik ist sehr angenehm — ziemlich unschuldig.
Genau das ist die Art, um anzufangen, in Unschuld.
Die ewige Jugend ist dein, und jeder andere schöne Mensch.
Ja, es ist Grausamkeit mir selbst gegenüber, meinem Körper gegenüber. Der Mönch hat meinen Körper gequält und getötet. Kein Wunder, daß ich mir das Kruzifix über das Bett gehängt habe:„Der Mann der starb".)*

M: *Ich bin zu dem geworden, der ich bin, weil du deine Spielkameraden in Minnesota gelassen hast.*

A: *Das ist Unsinn.*

M: *„Verlier deinen Kopf und komm zu deinen Sinnen".*

A: *Du wirst ganz schön scharf, Mann.*

M: *Danke, daß du mich so nennst, Sohn.*

A: *Ich bin, Gott sei Dank, nicht dein Sohn.*

M: *Ich sehe, daß du mich erkennst.*

A: *Du meinst, ich nehme an, daß jedermann, der den Körper unterdrückt, meine Mutter ist. Nebenbei, merkst du, daß wir die Rollen
vertauscht haben?*

M: *Es war nicht so wichtig, wie wir dachten, oder?*

Dieser letzte Satz entsprang dem Gefühl, daß die zwei Charaktere nicht
mehr in antithetischen Rollen waren. Beide haben sich so weit geändert,
dieselben Züge zu teilen. Das Animalische quält, der Mönch fühlt sich als
Opfer. So macht es jetzt keinen großen Unterschied mehr, wer bei wel-
chem Namen genannt wird oder wer in welcher Rolle ist.


### Projektionen assimilieren

Wenn wir sagen: „Es fühlt sich gut an" anstelle von: „Ich fühle mich gut dabei", „Es fühlt sich unbequem an" statt: „Mir gefällt das nicht", „Es fühlt
sich richtig an" statt: „Ich stimme zu" — dann projizieren wir uns selbst in
das „Es". Manchmal mag es sich dabei wirklich um eine sprachliche Angelegenheit oder wenig mehr drehen: vielleicht um eine gewisse Vorliebe,
unser persönliches Engagement zu verheimlichen, unser Geltungsbewußt-
sein herunterzuspielen oder die Verantwortung für unsere Reaktionen zu
maskieren. In anderen Fällen kann die Projektion jedoch so weit gehen,
daß wir dabei unseren eigenen Anteil an einer Erfahrung völlig verleugnen:
Ein bestimmter Mensch ist gut — nicht etwa, wir persönlich mögen ihn;
oder: Dieser Mensch ist schlecht — nicht etwa, wir persönlich mögen ihn
nicht.

Verschiedene Formen der Projektion sind in der psychologischen Literatur
gut beschrieben. Uns interessiert hier vor allem der Abwehrmechanismus,
von dem die Psychoanalyse spricht: der Prozeß nämlich, bei dem wir einem Menschen oder einem Ding in der Umgebung Qualitäten oder Gefühle
unserer selbst zuschreiben, die wir nicht als die unseren zu erkennen bereit
sind. Dies führt häufig dazu, „das Staubkorn im Auge des anderen zu
sehen, statt den Balken im eigenen."

Soweit wir Teile aus unserem Bewußtsein ausblenden bzw. einige unserer Charakterzüge nicht anerkennen, sehen wir die Realität um uns nicht so, wie sie ist, sondern verzerren unsere Wahrnehmung der Realität mit Hilfe all der Attribute, die wir in uns selbst ablehnen. Dies stimmt vor allem in bezug auf die Wahrnehmung von Personen (vielleicht noch mehr für das Ausmaß unseres persönlichen Engagements gegenüber einem anderen Menschen). In der Gestalttherapie behandeln wir auch Traumbilder als Projektionen unserer selbst — nicht im Blick auf die wirkliche Umwelt, sondern hinsichtlich der imaginären Umwelt des Traumzustandes.

Projektionen sind eine Illusion, aber auch eine Realität. Sie sind insofern illusionär, als sie oft nicht zur Person oder dem Ding gehören, dem wir sie zuschreiben (obwohl Projektionen und Realität zusammenfallen können). Sie sind eine Realität insofern, als sie Bilder unseres inneren Lebens sind und Wege zu uns selbst darstellen.

Ein wichtiger Aspekt der Gestalttherapie besteht darin, Projektionen zu assimilieren. Das heißt, uns das zu eigen zu machen, was wir ausgeblendet haben, das als Teil unserer Erfahrung zu erkennen, was wir außerhalb unserer selbst gestellt haben.

Die Haupttechnik für die Assimilierung von Projektionen wurde bereits diskutiert: nämlich sich mit der Projektion zu identifizieren und sie zu spielen:

Th: *Was fühlst du jetzt?*

P: *Ich fühle mich prüfend angeschaut. Ich glaube nicht, daß du mich magst.*

Th: *Sei ich für eine Weile. Stell dir vor, an meinem Platz zu sein und gib den Gefühlen oder Gedanken Worte, die ich vielleicht haben könnte.*

P: *„Sie ist schrecklich langweilig. Ich wäre lieber zu Hause, als ihr zuzuhören. Sie ist einfach uninteressant, und ich stecke mit ihr fest, weil ich ihr helfen soll."*

Th: *Bitte wiederhol das jetzt als deine eigene Aussage über dich selbst und schau, ob es paßt.*

P: *Ich bin schrecklich langweilig. Ich bin uninteressant, und ich kann nicht glauben, daß du mich magst oder daß du mir gern deine Aufmerksamkeit gibst, da ich dir nichts geben kann, was sie rechtferti-*

*gen würde. Natürlich. Das ist genau das, was ich denke.*

In dem gegebenen Beispiel dient das Spiel als Mittel, mit dem die Patientin den Inhalt ihrer Projektion erfährt, was aber nicht ausreichte. Was den Kontakt mit ihrer eigenen Erfahrung (ihrer Selbstbeurteilung, uninteressant zu sein) hervorbrachte, war der Vorschlag, die projizierte Erfahrung als i h r e   e i g e n e   umzuformulieren. Dies ist das gleiche, wie „es" durch „ich" zu ersetzen, und kann auf verschiedene Weise unternommen werden. Manchmal genügt eine Frage: „Ist das dein eigenes Gefühl?" „Erkennst du dies als einen Teil deiner selbst?" etc. Andere Male mag eine vollständige Umformulierung der Erfahrung, bei der das Selbst durch das eines anderen ersetzt wird, notwendig sein. Auf kurze Aussagen angewandt, ist die Verfahrensweise im Gestaltjargon „ausprobieren" genannt worden.

P:  *Ich mag deine Unaufrichtigkeit nicht. Du ziehst dich zurück und tratschst, und ich weiß nie, wo du bist.*

Th:  *Probier dir das aus und wende es auf dich selbst an.*

P:  *Ich mag meine Unaufrichtigkeit nicht. Ich ziehe mich zurück und tratsche, und die Leute wissen nie, wo ich bin. Ja. Ich glaube, das stimmt.*

In anderen Fällen kann die Assimilierung einer Projektion dadurch hervorgerufen werden, daß ein interpersoneller Dialog in einen intra-personalen umgewandelt wird:

P:  *Du machst mir ein unangenehmes Gefühl, Jane, weil du so aussiehst, als wenn du etwas Großartiges von mir erwartest, und ich habe immer Angst, dich zu enttäuschen.*

Th:  *Stell dir vor, du bist Jane und sprichst so zu Henry, daß du ihm ein unangenehmes Gefühl machst.*

P:  *(Henry) Du bist solch ein begabter Typ und trotzdem sagst du soviele Dummheiten. Benutz dein Talent, Henry. Du kannst es dir nicht leisten,        so ein normaler Typ zu sein. Du weißt, daß du es besser kannst.*

Th:  *Gut, jetzt setze Henry auf diesen Stuhl und erzähl ihm, was Jane dir gerade gesagt hat.*

P:  *Du bist ein Genie, Henry. Und du wirst dem nicht gerecht. Du ver-*

schwendest dein Leben. Du handelst wie einer der Typen, und du weißt, daß dein Potential viel größer ist. Du solltest dich selbst ernster nehmen und der Welt zeigen, wer du bist.

Th: Gut. Sei jetzt der Underdog und antworte dem, was du gerade gesagt hast.

P: Scher dich zum Teufel, Mann. Ich habe die Nase voll davon zu versuchen, ein Genie zu sein, nur um dir zu gefallen und um das zu sein, was meine Mutter von ihrem wunderbaren kleinen Jungen erwartete. Ich bin i c h und damit hat sich's. Ich bin hier, um mir selbst zu gefallen, und ich kümmere mich einen Dreck um deine Erwartungen.

Th: Setze den Dialog fort.

P: Vorsichtig, Henry. Diese neue Philosophie von dir klingt sehr verlockend und richtig, aber sie ist nur eine Mode. Wenn du aufhörst, mir zuzuhören und einfach das tust, was dir gefällt, wirst du nur für eine Weile herumspinnen und bei dem Gefühl landen, leer zu sein. Du bist jetzt jemand, weil ich gut auf dich aufgepaßt habe. Du bist so sehr gewachsen in diesen Jahren, und jetzt bist du dabei, alles durcheinander zu bringen.

In diesem Beispiel entsprechen Projektionen häufig den Aspekten der Persönlichkeit, die wir in der Gestalttherapie „Topdog" und „Underdog" nennen. Bei letzterem fühlt sich der Betreffende kritisiert und unfähig, Anforderungen zu begegnen, schuldig oder beschämt etc., während er sich bei ersterem urteilend über andere stellt und die fordernde Rolle spielt. In beiden Fällen mag die Projektion aufdecken, was einfache Introspektion oder vorschnelle intra-personale Begegnung nicht tun würde, und der Therapeut kann vielleicht einige Zeit darauf verwenden, den Ausdruck von Projektionen (zum Beispiel durch das Mittel, Töne machen zu lassen) und ihre Verdeutlichung oder Entfaltung zu ermutigen, bevor irgendein Versuch gemacht wird, sie zu reassimilieren.

Nach Perls ist die neurotische Angst, abgelehnt zu werden, eine Folge der projizierten eigenen Ablehnung anderer.

„Neurotiker reden viel davon, abgelehnt zu werden. Dies ist meistens eine Projektion dessen, daß sie andere ablehnen... Sie weigern sich, ihren latenten Ekel zu spüren, was sie ihrer eigenen Persönlichkeit einverleibt haben. Wenn sie dies tun würden, müßten sie kotzen und viele ihrer

„geliebten" Identifikationen ablehnen — Identifikationen, die ungenießbar und voll Haß waren zu der Zeit, in der sie sie geschluckt haben. Oder sie müßten durch den anstrengenden Prozeß gehen, sie hochzubringen, sie durchzuarbeiten und sie dann schließlich zu assimilieren." (Perls)

Perls hat auch die Kastrationsangst, aus der die Psychoanalyse so viel gemacht hat, als eine Projektion von Aggression interpretiert:
„... Die Vagina dentata, die häufige Phantasie der Kastrationsangst, ist der unerledigte Biß des Mannes selbst, der auf die Frau projiziert wird. In der Arbeit an Kastrationsphantasien kann man wenig erreichen, ehe nicht die dentale Aggression in Bewegung gekommen ist — sobald aber diese natürliche Destruktivität in die Persönlichkeit integriert ist, schrumpft nicht nur die Angst, am Penis verletzt zu werden, sondern auch die Angst vor anderen Schäden, an der Ehre, am Besitz, am Augenlicht etc., auf ihre angemessene Größe. "

Als Folge davon, auf Ekel und Aggression — die gesunden Mechanismen der Ablehnung — zu verzichten, muß das Individuum alles „schlucken", was die Umwelt „füttert", ob es nun seinen Bedürfnissen angepaßt ist oder nicht. Die Person bleibt ein Kind im Saugstadium, unfähig, ihre Erfahrungen „durchzukauen", durch Hindernisse durchzubeißen oder zu wählen. Die Konsequenz dieser Haltung ist die Introjektion dessen, was man als psychologische Fremdkörper betrachten kann. In der Gestalttherapie wird etwas als unerledigte Situation angesehen, das der Persönlichkeit ohne angemessene Assimilierung einverleibt wird, wobei Assimilierung eine Tätigkeit mit einschließen würde, in der in einem psychologischen Sinne durchgekaut — analysiert — wird und selektiv die Bestandteile oder Aspekte des Objektes einverleibt oder abgelehnt werden. Perls sah eine enge Entsprechung zwischen dem Prozeß der Assimilation auf der psychologischen Ebene einerseits und der Einverleibung von Nahrung auf der physiologischen Ebene andererseits. Genauer gesagt: Er sah eine Entsprechung zwischen einer Fixierung auf das passiv-orale Stadium und der Unfähigkeit, ordentlich zu kauen. Er empfahl deswegen eine Anzahl von Übungen, die Gewahr-Sein während des Essens und die Remobilisierung oraler Aggression mit einschloß:
„Weil wir 'nach Stundenplan' gefüttert wurden und andere 'wissenschaftliche Praktiken' auf uns Kinder angewandt wurden, ist die Blockierung oraler Aggression, wie sie weiter oben beschrieben wurde, wahrscheinlich

bis zu einem gewissen Grad in uns selbst gegenwärtig. Dieser Zustand ist die Grundvoraussetzung für die Neigung zu introjizieren – ganz hinunter zu schlucken, was nicht in deinen Organismus gehört. Wir werden das Problem deshalb an der Quelle – nämlich beim Prozeß des Essens – packen. Die Lösung schließt mit ein, Ekel wieder zu mobilisieren, was nicht angenehm ist und starke Widerstände hervorbringen wird. Wir schlagen deshalb in diesem Fall das folgende motorische Experiment nicht als etwas vor, das man in spontaner Weise ausprobiert, um dann zu sehen, was passiert, sondern wir wenden uns an deinen Mut und erlegen es dir als Aufgabe auf.

Während jeden Essens nimm einen Biß – denk daran, nur einen, einen einzigen Biß! – und durchsetze die Nahrung völlig mit Flüssigkeit, indem du kaust. Laß kein einziges kleines Stück deiner Zerstörung entkommen, sondern suche es mit deiner Zunge heraus und bring es in die Position, um weiter darauf herumzukauen. Wenn du befriedigt bist, daß die Nahrung völlig verflüssigt ist, trink sie hinunter...

... Als funktionelles Gegenstück der Aufgabe, einen einzigen Bissen Nahrung zu kauen, gib dir selbst dieselbe Übung im intellektuellen Bereich. Nimm zum Beispiel aus einem Buch einen einzigen schwierigen Satz, der 'zähes Fleisch' ist und analysiere ihn, das heißt, nimm ihn gründlich auseinander. Komm zu dem genauen Begriffsinhalt jedes Wortes. Entscheide gegenüber dem Satz als Ganzem, wie klar er ist oder wie vage, wie wahr oder wie falsch. Mach ihn dir zu eigen und mach dir selbst klar, welchen Teil davon du nicht vestehst. Vielleicht hast du nicht dabei versagt, ihn zu verstehen, sondern der Satz selbst ist unverständlich. Entscheide dies für dich selbst." (Perls)

Ein anderes nützliches Experiment, das die funktionelle Gleichartigkeit voll nutzt, die zwischen dem Essen von physischer Nahrung und der Einverleibung einer interpersonellen Situation besteht, ist folgendes:

Wenn du in einer ungeduldigen Stimmung bist – wütend, ärgerlich, voll Ablehnung – und deshalb dazu neigst, herunterzuschlingen, wende die Aggression in einem absichtlichen Angriff auf eine physische Nahrung an. Nimm einen Apfel oder ein hartes Stück Brot und laß deine Rache daran aus, genauso wie es zu deiner Stimmung paßt, so ungeduldig, hastig, bösartig, grausam, wie du kannst. Aber beiß und kau – schling nicht hinunter!

**ENDE DES FRAGMENTS**

Claudio Naranjo studierte Medizin und Musik an der chilenischen Universi-
tät. Nach seiner Ausbildung unterrichtete er Sozialpsychiatrie sowie
Kunstpsychologie und führte psychopharmakologische Forschungen
durch. Parallel dazu begann er seine Lehranalyse am chilenischen Psychoanalytischen Institut, eine intensive Selbstanalyse bei einem Schüler Karen
Horneys, sowie seine Gestaltausbildung bei Fritz Perls und Jim Simkin. Er
schrieb einige Bücher, darunter „ The One Quest" und – gemeinsam mit
R.Ornschein – „The Psychology of Meditation". Gleichzeitig gehörte er
zu den ersten Gruppenleitern, die in Esalen arbeiteten, um die Grundsätze
humanistischer Psychologie zu vermitteln. Ausgedehnte Reisen in den
Fernen Osten geben ihm immer wieder Anstöße, die eigenen Standpunkte
neu zu überdenken.